Emy Lee

Le Murmure des animaux

LEDUC ÉSO

Édition : Béatrice Le Rouzic
Maquette et design du coffret : Jennifer Simboiselle
Correction : Audrey Peuportier

10, place des Cinq-Martyrs-du-Lycée-Buffon
75015 Paris - France
ISBN : 979-10-285-2464-7

Sommaire

Un message pour te dire...

Tout d'abord, merci à toi de me rejoindre en ayant choisi d'acquérir cet oracle. Je suis très heureuse que tu fasses désormais partie de mon univers et que celui-ci fasse un peu partie du tien.

J'ai créé chacune de ces cartes en mettant mon côté créatif à ton service, en y insufflant des énergies d'amour et de bienveillance. Mon objectif, avec cet oracle, est de te proposer un outil qui puisse t'accompagner dans ton quotidien et t'aider à trouver les réponses à tes interrogations ; un outil qui te soutienne dans le développement de tes propres capacités et qui participe à ton éveil spirituel.

L'inspiration s'est imposée à moi : les animaux sont des êtres si purs, des âmes guides si nobles !

L'oracle ne se concentre pas sur un domaine en particulier. Tu peux aussi bien l'utiliser pour : obtenir un message du jour, connaître ton animal « totem », ou pour en savoir un peu plus sur les domaines professionnel, sentimental, spirituel, et même pour faire le point sur tes énergies.

Il est conçu pour t'aider à mieux comprendre une situation, trouver des éclairages et percevoir quels sont les possibles à venir. Il est aussi là pour t'aider à faire émerger des réponses à des questions précises. Je te laisse découvrir ces multiples possibilités dans la partie qui concerne les tirages. Mais n'oublie jamais que cet oracle est maintenant le tien, et que toutes les informations que je te donne ne sont que des pistes, des suggestions, des conseils, issus de ma propre expérience, de mon propre cadre de référence.

Tu peux tout à fait créer tes propres techniques de tirage. Il n'y a aucune limite, tant que tu es dans des énergies de bienveillance.

Avec beaucoup de gratitude, je t'embrasse bien fort.

Emy

Personnaliser ton oracle

Tu viens d'acquérir ton nouvel oracle. Il est temps de te l'approprier, de te connecter à lui et de lui transmettre tes énergies. Je te propose donc, dans un premier temps, de le « nettoyer ».

Pour ce faire, je te présente ma façon de procéder. Mais encore une fois, tu peux établir tes propres techniques.

Tu peux commencer sa purification en allumant de l'encens. J'aime utiliser le palo santo (en encens ou en bois à brûler), car c'est un puissant purificateur. Il est connu pour nettoyer, purifier et décaper de toutes les énergies négatives, d'où son surnom de « décapant énergétique ». Passe les différents éléments de ton oracle dans sa fumée : le coffret, le livret et, bien entendu, les cartes.

Prends ton temps, rien ne presse. Laisse la fumée de l'encens emporter avec elle toutes les énergies dont l'oracle est chargé ; visualise-les s'en aller avec elle.

Pendant ce processus, tu peux, en complément, utiliser le pouvoir créateur du verbe et formuler plusieurs fois, avec bienveillance et amour, cette demande à l'Univers, au Ciel, à Dieu (utilise le mot qui te convient le mieux, selon tes croyances) : « Je demande la purification énergétique de mon oracle, maintenant. Merci. Merci. Merci. » (N'oublie jamais de remercier, la gratitude est une énergie très importante et très puissante.)

Maintenant que ton jeu est nettoyé, il faut qu'il s'imprègne de tes propres énergies.

Plusieurs possibilités s'offrent à toi. Je partage ici certaines de mes façons de procéder. Selon le moment, je peux par exemple :

- prendre les cartes en main, fermer les yeux et les porter contre mon cœur pendant quelques minutes en visualisant mes énergies se transférer dans le jeu ;
- souffler doucement sur les cartes, en visualisant que mon souffle amène jusqu'à l'oracle des énergies d'amour et de bienveillance.

Pour l'une comme pour l'autre de ces méthodes, encore une fois, je t'invite à utiliser la force du verbe créateur en prononçant par exemple, à voix haute de préférence (mais tu peux aussi le faire mentalement), cette demande à l'Univers : « Je demande que mon oracle s'imprègne de mes énergies, des énergies d'amour et de bienveillance, maintenant. »

Quoi qu'il en soit, plus tu passeras de temps avec ton oracle, à en manipuler les cartes, à les toucher, à les observer... et plus il sera connecté à tes énergies.

Enfin, comme il s'agit d'un outil de communication entre tes guides et toi, je t'invite à formuler, au moment de cette prise en main, mais aussi avant chacun de tes tirages, le désir suivant : « Je demande à me connecter à mes guides, à leur amour, à leur bienveillance, à leur lumière, à leur sagesse, à travers cet oracle, maintenant. »

Voilà. Je t'ai présenté ma façon de procéder, libre à toi de te l'approprier, ou de la modifier. Garde bien à l'esprit que tu peux formuler les choses de manière totalement différente, en employant des mots et des gestes qui te parlent davantage. Parle et agis simplement, avec ton cœur, et toujours en vibrant sur des énergies lumineuses. Cet oracle est maintenant le tien, alors laisse parler ton cœur et suis ton intuition.

Comment interroger ton oracle

Chaque carte porte le nom d'un animal et le représente.

Tu peux te reporter à ce livret pour connaître la signification de chacune des cartes. Pour les retrouver rapidement, c'est facile : les cartes sont classées dans l'ordre alphabétique à partir du nom des animaux.

Chacune de ces cartes porte également un ou plusieurs mots clés. Alors, si tu le souhaites, tu peux laisser plus de place à tes ressentis. Pour cela, laisse-toi envahir par l'énergie de la carte, par les mots clés inscrits dessus et laisse venir à toi… Cela peut être des images, des mots, des sensations… En procédant de cette manière, tu auras une pratique plus intuitive et plus personnelle.

Et puis, tu pourras aussi découvrir quatre cartes « bonus ». Chacune d'elles est porteuse d'un message, d'une affirmation positive afin de te permettre de prendre confiance en toi et de renforcer ta connexion avec l'oracle. Tu peux au choix extraire ces cartes du jeu et les utiliser comme des mantras, ou bien les laisser avec l'ensemble des cartes. Ainsi, lors de tes tirages, elles pourront t'apporter des messages complémentaires à ceux véhiculés par les animaux. Fais selon tes envies.

QUELQUES PETITES GÉNÉRALITÉS

Tout d'abord, je t'invite à prendre un temps pour te reconnecter à ton jeu.

Avant de battre les cartes, commence par faire le vide en toi. Puis, concentre-toi sur la question que tu souhaites poser. Tu peux par exemple t'aider en fermant les yeux. Mélange alors le jeu. Prends le temps dont tu as besoin ; fais les choses comme tu le ressens.

Si une carte sort du paquet alors que tu es en train de mélanger, quel que soit le tirage que tu souhaites effectuer, mets-la de côté. Si tu as une carte « sauteuse », c'est un signe de tes guides : elle contient forcément un message pour toi.

Quand tu te sens prêt(e), coupe le jeu, de la main gauche de préférence : c'est la main du cœur ; le lien direct à ta spiritualité, à tes énergies.

Enfin, étale les cartes en éventail devant toi, faces cachées, et prends les cartes sans réfléchir. Reste bien concentré(e) sur ta question.

Lorsque le message d'une carte ne te semble pas assez clair, tu as la possibilité de le recouper en tirant une ou plusieurs autres cartes. Elles te donneront des informations complémentaires.

Si tu interroges l'oracle pour en savoir plus sur l'avenir, tes guides, au travers des cartes, te donneront des réponses ; ce que j'appelle des « possibles », des « tendances ». Je choisis d'utiliser ces mots, car tu as le choix. Nous sommes dotés du libre arbitre. Cela signifie que nous avons toujours la possibilité de choisir quel chemin emprunter. Ce que les cartes annoncent dans les tirages lorsque tu les interroges sont des possibles, des tendances qui se dessinent fortement pour toi. Mais tu peux choisir d'aller sur un chemin différent. Il n'y a pas de mauvais chemins ou de mauvais choix. Tout est expérience et apprentissage. Sache simplement ceci : si tu rencontres des blocages, des retards, il est possible que tu suives une voie qui n'est pas celle de ton chemin de vie. Les cartes peuvent t'accompagner et t'aider à retrouver ta voie. Mais quoi qu'il en soit, tu es libre de tes choix et de tes expériences.

MES MÉTHODES DE TIRAGE

Le message du jour

Tu peux utiliser ton oracle pour recevoir un « message du jour », de façon ponctuelle, ou plus régulière, de la part de tes guides. Pour cela, bats les cartes, et demande à ton oracle : « Quel est le message de mes guides aujourd'hui ? » Coupe le jeu, de la main gauche. Étale les cartes devant toi, faces cachées, puis, sans réfléchir, prends une carte. Reporte-toi à sa signification dans le livret pour lire le message du jour qui lui est associé, juste sous le nom de la carte.

C'est un tirage que tu peux faire quand tu en ressens le besoin, chaque matin en te levant, chaque soir avant d'aller te coucher, une fois par semaine... Encore une fois, suis ton intuition.

Quel est mon animal totem ?

Un animal totem, c'est une énergie, un guide, qui nous soutient dans notre quotidien, qui nous aide à surmonter les épreuves, les difficultés... qui nous aide à avancer. Mais nos difficultés ne sont jamais les mêmes. Nos énergies changent ! Ainsi, je dirais que nous n'avons pas un seul animal totem, et que celui-ci peut changer en fonction des moments de notre vie, des énergies dans lesquelles nous sommes.

Alors, je te propose d'utiliser cet oracle pour découvrir quelle énergie « animale » te correspond et te guide à un moment donné de ta vie.

Pour cela, fais le vide, calme ton mental en respirant profondément. Bats les cartes, coupe le jeu (de la main gauche). Étale les cartes devant toi, faces cachées, puis, sans réfléchir, laisse ta main se diriger vers l'une d'elles. Ensuite, reporte-toi à sa signification, dans ce livret, en lisant la partie intitulée « Personnalité ».

Tendance de la semaine

Une fois par semaine, le dimanche soir ou le lundi matin, tu peux réaliser ce tirage pour voir quelles énergies berceront les jours à venir de façon générale ou dans un domaine particulier.

Bats les cartes en te concentrant sur la semaine à venir et éventuellement le domaine en question.

Coupe le jeu, de la main gauche. Étale les cartes devant toi, faces cachées, puis, sans réfléchir, prends trois cartes :

1 2 3

1. La première carte te délivre un message de tes guides, des informations que tu as besoin de connaître pour mieux aborder la semaine à venir.
2. La deuxième carte est un conseil de tes guides. Elle te dit ce que tu peux faire dans les jours qui viennent pour accéder au résultat donné en carte suivante.
3. La troisième et dernière carte, c'est le résultat, ce que tu peux attendre de la semaine, si tu prends en compte les messages délivrés par les deux cartes précédentes.

Passé, présent, futur proche

Ce tirage rapide te permet d'avoir une vision globale d'une situation : le passé, le présent et les possibilités dans l'avenir proche.

Bats les cartes en te concentrant sur la situation en question, qu'elle soit d'ordre professionnel, sentimental ou personnel. Tu peux t'aider en fermant les yeux, en visualisant la situation. Demande alors : « Quelles sont les énergies qui entourent cette situation (tu peux nommer précisément ce qui se passe) et quelle en est l'évolution possible ? »

Coupe le jeu, de la main gauche. Étale les cartes devant toi, faces cachées, puis, sans réfléchir, prends-en trois :

1. La première carte concerne le passé, en lien avec la situation pour laquelle tu interroges l'oracle.
2. La deuxième carte représente le présent, les énergies qui marquent la situation en question actuellement.
3. La troisième et dernière carte, c'est la tendance qui se dessine dans un futur proche.

Si tu le souhaites, tu peux compléter ce tirage en tirant une quatrième carte afin de voir les tendances d'un futur plus lointain.

État des lieux d'une situation

Ce tirage rejoint un peu le précédent, mais il est plus complet. Il te permet d'analyser plus en détail une situation donnée.

Encore une fois, ce tirage fonctionne, quel que soit le domaine considéré. Pour l'interprétation, il te suffit de te reporter à la signification de chaque carte, en lisant la partie correspondant au domaine concerné, ou bien de te laisser inspirer par les mots clés inscrits sur les cartes.

Bats les cartes en te concentrant sur la situation en question, qu'elle soit d'ordre professionnel, sentimental, personnel, etc. Tu peux t'aider en fermant les yeux, en visualisant la situation et en demandant : « Quelles sont les énergies qui entourent cette situation en lien avec [ton travail / ton partenaire amoureux / un ami / un membre de la famille...] et quelle en est l'évolution possible ? »

Coupe le jeu, de la main gauche. Étale les cartes devant toi, faces cachées, puis, sans réfléchir, prends six cartes que tu disposeras de la manière suivante :

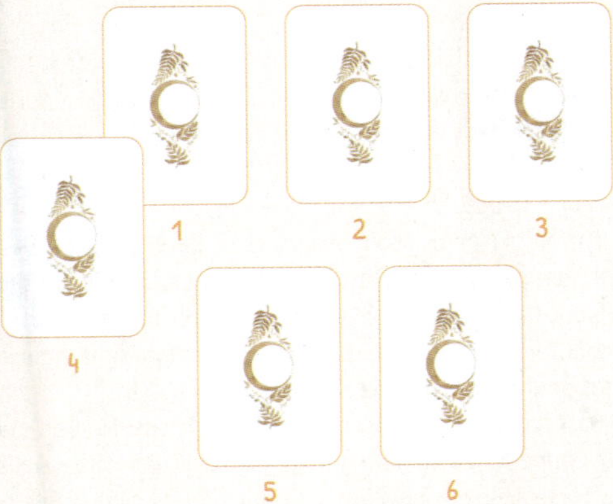

1 ET 4. Ces deux cartes concernent les énergies de la personne qui interroge les cartes, en l'occurrence toi, ou le consultant si tu effectues le tirage pour quelqu'un d'autre.

2. La deuxième carte correspond aux énergies de ton partenaire amoureux (si le tirage concerne le domaine sentimental), ou de travail... ou en tout cas les énergies qui entourent « l'autre » dans de la relation.

3. La troisième carte représente ce qui se passe actuellement dans cette « relation », les énergies au moment où tu tires les cartes. C'est la situation actuelle.
5. La quatrième carte te délivre la tendance qui se dessine dans un avenir proche.
6. Enfin, la dernière carte te dit ce que tu peux attendre de cette situation, de cette relation. Elle est en quelque sorte la tendance dans un futur un peu plus lointain.

Spécial « coup dur »

Parfois, tu peux avoir besoin d'un petit coup de pouce pour comprendre la situation que tu traverses. Voici un tirage qui peut t'aider à y voir plus clair et t'accompagner dans une période un peu délicate, ou tout simplement te donner des pistes pour débloquer une situation.

Bats les cartes en te concentrant sur la situation en question. Coupe le jeu, de la main gauche. Étale les cartes devant toi, faces cachées, puis, sans réfléchir, prends cinq cartes que tu disposeras en ligne devant toi pour répondre aux questions suivantes :

1 2 3 4 5

1. Quelles sont les énergies qui m'entourent actuellement ?
2. Quelle leçon dois-je tirer de cette situation ? Quel élément important dois-je prendre en compte ?
3. Comment mieux accepter cet enseignement ? Mes guides, que me conseillez-vous ?
4. Quelle qualité dois-je mettre en avant pour surmonter la situation ?
5. Comment prendre pleinement possession de ce potentiel ?

Pour l'interprétation, essaie de te laisser guider par ton intuition, en te basant uniquement sur les mots clés, ou reporte-toi à la signification des cartes en fonction du domaine concerné.

Tirage de la nouvelle lune

La phase de la nouvelle lune symbolise le renouveau, le début d'un nouveau cycle. C'est le moment propice pour ce tirage. Je t'invite à te reporter à un calendrier lunaire pour savoir quand aura lieu la prochaine nouvelle lune.

En attendant, voici la méthode de tirage :

Bats les cartes en te concentrant sur la nouvelle lune et le renouveau qu'elle apporte dans ses énergies. Tu peux te concentrer sur un domaine en particulier. Quand tu te sens prêt(e), coupe le jeu, de la main gauche, puis étale les cartes devant toi, faces cachées. Sans réfléchir, prends quatre cartes que tu disposeras en ligne devant toi.

1. La première carte te dit dans quelle énergie tu es pour cette nouvelle lune.
2. La deuxième carte correspond à ce que l'on t'invite à commencer pour ce nouveau cycle.
3. La troisième carte est un message de tes guides te précisant ce dont tu as besoin de te libérer pour accueillir les énergies de renouveau de cette nouvelle lune.
4. La quatrième carte t'indique ce que tu peux faire ou mettre en place pour être pleinement dans le renouveau.

C'est oui ? Ou c'est non ?

Pour répondre à cette question, dont la réponse peut être soit « oui » soit « non », choisis dans le jeu la carte qui se rapproche le plus de la situation pour laquelle tu demandes une réponse et place-la face à toi. Tu peux prendre le temps de t'imprégner de ses énergies et de lui transmettre les tiennes en la tenant dans tes mains.

Pour t'aider à y voir plus clair, voici quelques exemples. Si ta question est :

- « Est-ce que je vais bientôt rencontrer l'amour ? » : tu peux choisir la carte de la Huppe (Nouvelle rencontre). Elle sera ta carte de référence pour ce tirage ;

- « Vais-je trouver du travail ? » : choisis alors la carte du Rouge-gorge (Renouveau) ;
- « Vais-je avoir un deuxième enfant ? » : opte pour la carte du Lapin (Fertilité, naissance).

Tu as compris l'idée. Maintenant, à toi de jouer !

Lorsque tu as choisi ta carte « référente », mets-la de côté et bats le reste des cartes en te concentrant sur ta question. Coupe le jeu, avec la main gauche, et étale-le devant toi faces cachées. Tire cinq cartes, mais surtout, ne les regarde pas encore. Ajoute ta carte « référente » à ces cinq cartes. Tu as désormais six cartes entre les mains.

Mélange-les à nouveau. Puis, quand tu te sens prêt(e), répartis-les comme suit :

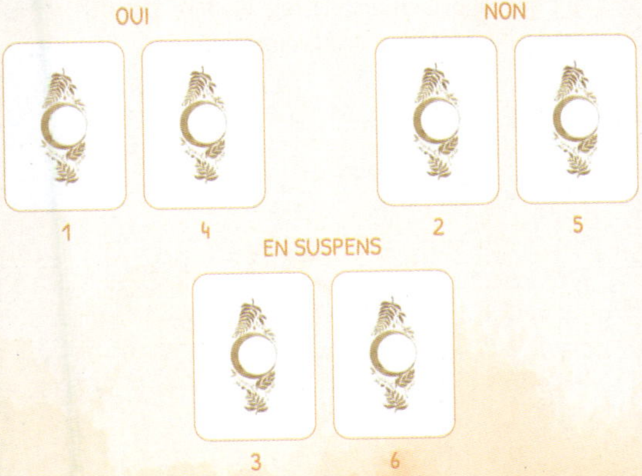

- Si ta carte « référente » est en position 1 ou 4, alors la réponse à ta question est « OUI ». Lis le message de la carte qui l'accompagne pour avoir des indications supplémentaires, en te reportant au domaine concerné par ta question ou au message du jour.
- Si ta carte « référente » est en position 2 ou 5, alors la réponse à ta question est « NON ». Lis le message de la carte qui l'accompagne pour avoir des précisions, des explications te permettant de mieux comprendre pourquoi tu as reçu une réponse négative, en te reportant au domaine concerné par ta question.
- Enfin, si ta carte est en position 3 ou 6, alors la réponse à ta question est « EN SUSPENS ». Ce n'est ni négatif ni positif, mais certaines choses doivent encore se mettre en place avant que tu puisses obtenir une réponse. Dans ce cas, tu peux refaire ce tirage d'ici quelque temps.

Les cartes et leurs significations

L'Abeille

COMMUNAUTÉ, VIE SOCIALE, COLLABORATION

« J'ose demander de l'aide lorsque j'en ai besoin. »

PERSONNALITÉ : À l'image de l'abeille, qui travaille pour le bien de la collectivité, tu es un(e) altruiste. Tu te sens généralement plus à l'aise en groupe que seul(e). Tu as tendance à t'intégrer facilement et tu es particulièrement efficace dans tout ce qui touche au « collectif » (travail, activités sportives…).

Tu es une personne fiable, sur laquelle on peut compter, que ce soit dans le milieu professionnel, familial ou social.

Tu préfères être dans l'action (en fait, on pourrait même dire que tu ne tiens pas en place) et, comme l'abeille qui butine de fleur en fleur, tu peux avoir tendance à aimer changer d'activité régulièrement. Tu aimes la nouveauté, découvrir de nouvelles personnes, de nouvelles activités…

VIE PROFESSIONNELLE : Si tu rencontres actuellement des difficultés sur le plan professionnel, cette carte t'invite à prendre conscience que tu ne peux pas tout faire seul(e). Elle te conseille de t'ouvrir aux autres, d'être dans une énergie d'entraide : ose demander de l'aide ou déléguer ; il n'y a rien de mal à ça. C'est dans une répartition des tâches équitable, harmonieuse et sans heurts, que tu pourras retrouver un équilibre. Peut-être aussi manques-tu d'organisation. Essaie de planifier et de répartir à l'avance les tâches que tu as à accomplir.

Si tu es à la recherche d'un emploi, sache que tu peux te tourner vers des métiers qui impliquent de travailler en collaboration, en équipe. Tout se passera de façon naturelle et tu pourras ainsi t'épanouir pleinement.

CÔTÉ CŒUR : Sur le plan sentimental, tu as besoin que celui ou celle qui partage ta vie soit un véritable partenaire, que vous soyez dans un esprit de partage et de soutien mutuel, tant au niveau de l'organisation de votre foyer que des loisirs. Il faut que ça bouge !

Si tu es dans une relation et que tu rencontres des difficultés, cette carte t'invite à être dans l'action et à sortir de la routine. Il est temps de mettre des choses en place pour t'épanouir pleinement dans ton couple. Peut-être y a-t-il un déséquilibre. On t'invite à retrouver le juste milieu dans ton quotidien pour que ta moitié et toi puissiez être de véritables « associé(e)s ».

Si tu es célibataire, cette carte annonce une rencontre à venir avec une personne dynamique, active ; avec quelqu'un qui te complète. C'est une rencontre qui te permettra d'instaurer une relation solide sur le long terme. Alors, surveille les signes : l'élu(e) de ton cœur n'est pas loin.

SPIRITUALITÉ : Côté spirituel, cette carte indique que ton évolution spirituelle est étroitement liée à l'autre. Tu t'épanouis en étant dans l'échange de tes connaissances et de tes capacités, en les mettant au service de l'autre. Tu possèdes une intuition très développée. Cette carte t'encourage à lui faire confiance. Il se peut aussi que tu aies des capacités de clairvoyance.

Si tu ressens des blocages au niveau de ton évolution spirituelle, cette carte est là pour te dire qu'ils sont en lien avec le mental. Peut-être analyses-tu trop les choses ! On t'invite à apaiser ton mental et à te reconnecter avec ton intuition, à ressentir avec ton cœur et avec ton âme plutôt qu'avec ta tête. Demande à tes pensées de chuchoter : tu pourras mieux entendre ta voix intérieure.

Sur le plan spirituel, l'Abeille met en évidence ton lien très fort avec la nature. Tu peux prendre le temps, par exemple, de marcher dans les bois, ou de méditer au bord de l'eau… Cela t'aidera à te reconnecter à tes capacités et à les développer.

MÉTÉO ÉNERGÉTIQUE : Tu es quelqu'un qui a beaucoup d'énergie. Mais cette énergie est-elle toujours bien gérée ? N'aurais-tu pas tendance à en faire parfois un peu trop ? Peut-être donnes-tu plus que tu ne reçois… Ou peut-être t'efforces-tu de correspondre aux attentes que les autres ont de toi… Mais est-ce que cela correspond vraiment à tes aspirations ? Quoi qu'il en soit, il y a un déséquilibre dans tes énergies. Sois à l'écoute de tes besoins. Que souhaites-tu vraiment ?

Cette carte est là pour t'inviter à travailler sur ton ancrage, sur ton chakra racine, afin de te recentrer, de te reconnecter à toi-même. Prendre du temps pour toi te permettra de régénérer ton capital énergétique et de savourer le fruit de tes efforts.

L'Aigle

PRISE DE DISTANCE, ÉLOIGNEMENT

« En prenant de la hauteur, je peux voir une situation dans sa globalité et prendre des décisions qui sont justes pour moi. Je vois ce qui est, et non ce que je désire voir. »

PERSONNALITÉ : À l'image de l'aigle qui s'envole dans les airs, tu sais prendre de la hauteur. Tu es un(e) fin(e) observateur(rice) et tu aimes analyser les situations que tu traverses, les personnes que tu rencontres… Rien n'échappe à ton œil avisé. De tes cinq sens, la vue est peut-être celui qui est le plus sensible. Tu fais partie des visionnaires : tu sais anticiper, aussi bien sur le court que sur le long terme. Ton intuition est forte et elle ne se trompe jamais ; tu peux lui faire confiance. Tu es dans l'action tout en étant tempéré(e) : tu sais prendre le temps de l'observation et agir au moment opportun. Tu sais ce que tu veux et où tu vas. Tu es une personne sincère, dévouée, humble et persévérante. Les responsabilités ne te font pas peur. Tu as un côté assez dominateur, mais attention à ne pas tomber dans une « quête du pouvoir », voire dans une attitude tyrannique.

VIE PROFESSIONNELLE : Cette carte t'indique que les difficultés que tu rencontres dans ta vie professionnelle nécessitent une prise de recul. Prends le temps d'analyser la situation : es-tu dans un travail qui correspond à tes valeurs ? À tes besoins ? Te laisses-tu distraire par quelque chose ? Que te dit ton intuition ? Il est important que tu te reconnectes à ta voix intérieure pour réussir à trouver ta voie.

Si tu es à la recherche d'un emploi, cette carte te conseille de ne pas accepter la première proposition venue. Prends le temps de comprendre de quoi il retourne avant de t'engager, et tu pourras opérer des choix en accord avec ce que tu désires vraiment.

CÔTÉ CŒUR : Petites perturbations à l'horizon sur le plan sentimental. Cette carte te demande de prendre de la distance afin d'analyser ta relation actuelle. Es-tu dans une relation qui est juste pour toi ? Y a-t-il un déséquilibre entre ce que tu donnes et ce que tu reçois ? Es-tu dans une relation sauveur/sauvé ?

Tes guides te mettent en garde : il y a dans ton couple, ou dans ton entourage, une personne qui ne t'est pas favorable. Peut-être serait-il judicieux de t'éloigner, cela te permettra de te reconnecter à toi-même et d'y voir plus clair sur la situation que tu traverses. Tu peux faire confiance à ton intuition pour te guider dans ce moment un peu compliqué et t'aider à prendre les bonnes décisions. Fais-toi confiance !

Si tu es célibataire, ou que tu viens de rencontrer quelqu'un, cette carte est une mise en garde. Elle te conseille de t'éloigner, car la personne concernée par ce tirage n'est pas dans des intentions positives.

Quoi qu'il en soit, avec cette carte, on te dit bien que tu es dans une situation qui nécessite de ta part une prise de distance, voire un éloignement.

SPIRITUALITÉ : Tel l'aigle qui a une vision aiguisée, tu sais percevoir ce que les autres ne voient pas. Cette carte t'invite à développer tes capacités spirituelles : ton intuition est puissante et il est possible que tu aies des facultés de clairvoyance.

Avec cette carte, l'heure est à l'élévation spirituelle. Si tu te sens bloqué(e) dans ton évolution spirituelle, prends le temps de faire un travail sur ton chakra du troisième œil pour te reconnecter à ton intuition, à ta voix intérieure. On te conseille également de sortir de l'ego, du mental, pour entrer pleinement dans des énergies de partage, d'altruisme et d'ouverture aux autres. Laisse-toi porter, lâche prise et plane sur le vent de ton cœur.

MÉTÉO ÉNERGÉTIQUE : En ce moment, tes énergies sont perturbées par une situation qui n'est pas juste pour toi. Tu es dans une relation (sentimentale, professionnelle, amicale, familiale...) qui te demande beaucoup d'énergie et qui te déconnecte de ton sixième sens, de ton chakra du troisième œil. Là, il est temps de prendre du temps pour toi, de te reposer et de procéder à un rééquilibrage de tes chakras. On te conseille également de te recentrer. Tu donnes beaucoup aux autres ; tu peux même avoir tendance à faire passer leurs besoins avant les tiens. Alors, prends le recul nécessaire pour rééquilibrer tes énergies. Tu peux aussi travailler sur ton chakra racine, cela te permettra de te reconnecter à toi-même.

L'Âne

MIROIR

« Lorsqu'une situation ou une personne m'énerve profondément, je prends le temps de me demander quelle faille cela révèle en moi. »

PERSONNALITÉ : Avec l'Âne, humilité, patience, courage et persévérance font partie de tes qualités. Tu as un grand besoin affectif ; tu es doux(ce), sensible. Tu aimes plaisanter et rire des petits défauts de ceux que tu aimes, mais c'est toujours bon enfant. « Qui aime bien châtie bien », comme dit l'adage. Tu trouves ton bonheur dans les choses simples de la vie et tu sais te contenter de peu. De la même manière que l'on peut éduquer un âne, mais non le dresser, tu ne te laisses pas faire et tu ne suis pas bêtement les ordres sans réfléchir. C'est d'ailleurs ce qui peut amener les gens de ton entourage à penser que tu es une « tête de mule » ! Mais vois-le comme un compliment : tu sais faire preuve d'intelligence. Tu as également une excellente mémoire. Gare à celui ou celle qui essaierait de se jouer de toi : il se pourrait bien que tu finisses par le faire tourner en bourrique ! Quel que soit le domaine, tu as besoin d'être dans des relations de confiance et de respect mutuel. Tu supporteras mal les personnes tyranniques et tu pourrais te montrer aussi désagréable envers elles qu'elles le sont à ton égard. En revanche, une relation équilibrée te permettra de révéler le meilleur de toi-même.

VIE PROFESSIONNELLE : Si tu rencontres des difficultés au travail, cette carte est là pour te dire qu'elles ne sont que le reflet des choses que tu as à ajuster. C'est le principe de l'effet miroir : tes collaborateurs, tes collègues... agissent d'une manière qui te renvoie à ta propre réalité. Les difficultés que tu rencontres sont là pour te montrer tes propres failles et ce sur quoi tu as besoin de travailler. Lorsqu'une situation t'agace au point de te mettre hors de toi, pose-toi ces questions : « D'où vient ce sentiment ? Pourquoi cela m'agace-t-il à ce point ? Qu'est-ce que cela révèle sur moi ? » Tu verras qu'il y a de fortes chances pour que tu projettes sur les autres tes propres croyances limitantes.

Si tu es à la recherche d'un emploi, cette carte t'invite à privilégier un travail que tu aimes vraiment, plutôt que le seul aspect financier. Les métiers en lien avec les enfants, ou en tout cas avec le public, te sont favorables, car tu sais faire preuve de patience et de douceur, et c'est dans la relation à l'autre que tu avanceras sur la voie de ton épanouissement personnel et professionnel.

CÔTÉ CŒUR : Si tu es en couple, et que tu rencontres des difficultés avec ton ou ta partenaire, cette carte est là pour te dire que vous n'êtes finalement pas si différents l'un de l'autre. Les conflits sont présents parce que vous vous ressemblez beaucoup ! Dans votre cas, désaccords et disputes sont liés à l'effet miroir : chacun renvoie à l'autre sa propre réalité. Avec l'Âne, il est temps de te défaire de tes croyances limitantes. Si tu as la sensation que ton ou ta partenaire ne s'occupe pas assez de toi, pose-toi la question : « Qu'est-ce que cela révèle chez moi ? D'où vient ce manque ? » Cette relation est là pour t'amener à avancer sur le chemin de ton évolution personnelle.

Si tu es célibataire, une relation saine et stable est en préparation. Tu vas bientôt rencontrer quelqu'un avec qui faire des projets et bâtir une relation durable basée sur le respect mutuel. Mais n'oublie pas l'effet miroir : si tu cherches une relation par peur de la solitude, alors inconsciemment, par ton comportement, tu éloigneras les partenaires potentiels. Avant d'aimer l'autre, on te demande d'apprendre à t'aimer toi-même, à te sentir bien avec toi-même. Si tu restes dans tes peurs et tes croyances limitantes, tu risques de rencontrer retards et blocages.

SPIRITUALITÉ : Cette carte indique que ton évolution spirituelle est étroitement liée à la neutralité. Cela signifie que tu es invité(e) à chercher l'équilibre en toute chose. L'Âne t'incite à sortir du plan du mental pour aller vers celui de l'âme. C'est en tendant vers l'acceptation de ce qui est et vers la neutralité que tu arriveras à être pleinement centré(e). Pour cela, tu dois être dans des énergies d'amour (que ce soit envers les autres, mais aussi envers toi-même !).

MÉTÉO ÉNERGÉTIQUE : Un travail au niveau de ton chakra du cœur pourrait t'aider à retrouver ton unité. Un rééquilibrage de tes centres énergétiques (de tes chakras) serait le bienvenu. Tu peux aussi entamer un travail de libération des mémoires émotionnelles pour te défaire des énergies lourdes qui te retiennent dans le passé.

L'Araignée

CRÉATIVITÉ

« Je me connecte à la puissance de mon énergie créatrice : je suis le/la créateur(rice) de ma vie, je tisse la toile de ma propre destinée. »

PERSONNALITÉ : À l'image de l'araignée, qui tisse habilement sa toile, tu es une personne créative et minutieuse. Tu as les capacités pour créer et mettre en œuvre des idées complexes tout en faisant preuve d'une grande ingéniosité. La patience est l'une de tes plus grandes qualités. Tu sais te mettre en retrait lorsque c'est nécessaire et agir au bon moment. Tu aimes que ta vie forme un ensemble cohérent, et tu fais tout pour cela. Avec cette carte, aucun doute, tu es bien acteur(rice) de ta vie, tu ne laisses personne décider pour toi.

VIE PROFESSIONNELLE : Si tu rencontres actuellement des difficultés sur le plan professionnel, cette carte t'invite à te servir de ta grande créativité et des qualités qui lui sont liées pour améliorer la situation : patience, intuition, flexibilité, ingéniosité… En les exploitant à bon escient, tu sauras tisser la toile qui te permettra d'attirer à toi l'abondance professionnelle et amènera tes collaborateurs à te suivre.

Si tu es à la recherche d'un emploi, tous les métiers qui touchent à la créativité, au domaine artistique au sens large sont favorisés.

♥ CÔTÉ CŒUR : Si tu es dans une relation et que tu rencontres des difficultés, cette carte t'invite à faire preuve de créativité pour raviver la flamme. Alors, à toi de jouer : laisse ton inventivité s'exprimer pour vous permettre de partager des moments à deux que ton/ta partenaire et toi ne serez pas près d'oublier.

Si tu es célibataire, cette carte annonce une rencontre avec une personne créative, qui a une sensibilité pour l'art, la musique, les loisirs créatifs... Si ton âme sœur n'exerce pas une profession en lien avec la créativité, il se peut que vos chemins se croisent au détour d'une exposition, dans un musée... ou dans un lieu où la créativité s'exprime ou se contemple.

SPIRITUALITÉ : Cette carte indique que ton éveil spirituel est étroitement lié à ta créativité. Tu peux développer tes compétences spirituelles en lien avec l'écriture, le dessin..., que tu peux pratiquer de manière intuitive. Comme l'araignée qui agrandit chaque jour un peu plus sa toile, tu es invité(e) à élargir tes connaissances et tes capacités spirituelles. Laisse-toi guider par le fil de ton intuition créatrice.

MÉTÉO ÉNERGÉTIQUE : Symbole de créativité, l'Araignée révèle que ton chakra sacré est en déséquilibre : peut-être ressens-tu de la confusion, des dysfonctionnements dans une relation, un trop-plein d'émotions… Quoi qu'il en soit, il est important de rééquilibrer ce chakra pour que ta sensibilité créative se libère pleinement.

La Baleine

PROFONDEUR, VOIX INTÉRIEURE

« En prenant le temps d'écouter ma voix intérieure, en me connectant à mon intuition, j'avance sur le chemin de la joie, de l'abondance et de la réussite. »

PERSONNALITÉ : La Baleine véhicule les notions de sagesse et de paix. Comme elle, tu écoutes ta voix intérieure, ta meilleure alliée, et tu es un véritable capteur énergétique. Tu es une personne douce, dotée d'une grande sensibilité, pour ne pas dire « hypersensible ». Tu reçois et ressens chaque émotion de façon amplifiée. Ton féminin sacré est extrêmement développé : tu es fortement marqué(e) par l'énergie yin. Les petits riens font tes grands bonheurs et tu es véritablement dans l'instant présent. Tu es une personne particulièrement lumineuse. Que de belles énergies avec cet animal !

Mais attention, n'oublie pas que la baleine est un être qui vit dans les profondeurs et que, comme elle, tu peux avoir tendance à plonger dans tes propres abysses et avoir parfois des comportements autodestructeurs.

VIE PROFESSIONNELLE : Si tu rencontres actuellement des difficultés sur le plan professionnel (recherches infructueuses ou difficultés dans un emploi), cette carte t'invite à prendre conscience que tu es peut-être dans un processus d'autosabotage. Il semblerait que, depuis longtemps, tu prennes des décisions ou fasses des choix qui te conduisent systématiquement à l'échec. Pour briser ce système de répétition des schémas négatifs, reconnecte-toi à ton intuition : elle connaît le chemin qui te permettra de remonter à la surface. Une analyse en profondeur de la situation t'aidera à comprendre pourquoi les échecs se multiplient, afin que tu puisses enfin dissoudre les blocages en lien avec ton passé. Ne t'inquiète pas, l'autosabotage est un processus inconscient. L'enjeu est de t'en libérer pour avancer enfin sur la voie de l'abondance et de la réussite.

CÔTÉ CŒUR : Les difficultés que tu rencontres dans tes relations se répètent inlassablement, et tu finis par en être « blessé(e) ». Tu es dans ce que l'on appelle la « répétition de schémas » : inconsciemment, tu « sabotes » tes relations par des comportements qui ne sont pas bons pour toi. Peut-être te diriges-tu toujours vers le même genre de partenaire. La Baleine t'invite à plonger dans les profondeurs de ta mémoire et à essayer de faire le bilan de tes relations : ont-elles un dénominateur commun ? Que révèle-t-il de toi ?

À travers cette carte, tes guides veulent que tu comprennes qu'il est temps de te libérer des blessures du passé, de tes blocages, pour enfin connaître le bonheur et la plénitude.

SPIRITUALITÉ : La Baleine incite à une véritable élévation spirituelle : retrouver ton Être sacré et te libérer de l'ego. Mais cela s'inscrit dans un long processus de transformation. Si tu as déjà commencé un travail pour libérer pleinement tes capacités, on te dit que tu es sur la bonne voie. Suis ton intuition, écoute-la, et fais confiance à tes ressentis.

C'est par ta voix intérieure que tu reçois les messages de tes guides. Si tu as du mal à les identifier, c'est peut-être parce que tu es encore trop dans le mental. La Baleine t'invite à t'en affranchir pour être dans une pleine connexion avec les énergies de l'Univers et, à ton tour, éveiller le monde.

MÉTÉO ÉNERGÉTIQUE : Tes énergies alternent entre lumière et ténèbres, parce que tu peux avoir tendance à avoir des comportements autodestructeurs. Pour te reconnecter à ta lumière intérieure, tu vas devoir plonger à l'intérieur de toi, de ta mémoire, et entamer un travail de libération des mémoires bloquantes. Que ce soit lié à cette vie ou à une autre ligne du temps, il y a une ou plusieurs blessures qui ne sont pas guéries : que ce soit la peur de l'abandon, du rejet, la blessure d'injustice, de trahison ou d'humiliation, ton âme a besoin de se libérer, ton enfant intérieur a besoin d'être guéri.

Si tu as déjà entamé un travail de libération énergétique, tes guides te disent que tu es sur la bonne voie.

Le Blaireau

ENTREPRENDRE, TÉMÉRITÉ

« J'ose donner vie à mes rêves. J'entre dans des énergies d'action et de courage. J'entreprends. »

PERSONNALITÉ : Comme le blaireau qui n'a peur de rien, tu n'as pas peur de défendre tes opinions. Même si ton adversaire est plus « gros » que toi, tu es toujours prêt(e) à la bataille. Attention à ne pas tomber non plus dans une certaine agressivité.

Courageux(se) et téméraire, les défis ne te font pas peur, et c'est corps et âme que tu te lances dans tes projets : tu fais tout pour donner vie à tes rêves. Et même face à la difficulté, tu n'es pas du genre à renoncer ! Le Blaireau te soutient dans toutes les batailles que tu entreprends, que ce soit personnel, professionnel, ou même au niveau de la santé. Tu sais transformer tes émotions négatives (comme la colère), pour les utiliser comme moteur dans tes actions. Mais encore une fois, attention à ne pas tomber dans l'excès : le but n'est pas d'écraser les autres sur ton passage.

VIE PROFESSIONNELLE : Si tu rencontres actuellement des difficultés sur le plan professionnel, le Blaireau est là pour t'inviter à être dans l'action, à prendre les choses à brasle-corps. Sois téméraire, ose défendre tes idées, tes projets. Tu as l'âme d'un leader, tu as toutes les capacités pour entreprendre. D'ailleurs, tu es plus à l'aise si tu travailles à ton compte.

Si tu cherches encore ta voie, ou si tu as un projet de création d'entreprise, alors fonce ! Cette carte t'indique que ce n'est pas le moment d'être passif(ve). Alors, à toi de jouer !

CÔTÉ CŒUR : Tu ne te lies pas facilement à l'autre et tu as besoin de te sentir libre et indépendant(e). Tu es une personne entière, qui ne triche pas. Cependant, cette carte te demande de faire preuve de diplomatie lorsque tu exprimes tes sentiments, sinon cela risque de faire des étincelles. Ton/ta partenaire n'est peut-être pas prêt(e) à recevoir de but en blanc ce que tu as à lui dire. Alors, même si tu ne crains pas sa réaction, peut-être devrais-tu te tempérer un peu. Dans ton couple, les problèmes peuvent donc venir d'un défaut de communication. Quelques ajustements sont à faire à ce niveau-là.

N'oublie jamais aussi que, de temps en temps, il est important de savoir casser la routine du quotidien en étant audacieux : n'hésite pas à prendre les choses en main pour organiser des petits moments à deux. Prends les devants.

Et si tu es célibataire, la carte du Blaireau t'invite à être dans l'action, à « provoquer » le destin. Ose aller vers de nouvelles personnes, faire de nouvelles rencontres : sois entreprenant(e) pour être dans le renouveau sentimental que tu attends.

SPIRITUALITÉ : Le blaireau est un fouisseur (il passe son temps à creuser) : son lien à la terre est donc très puissant.

Cette carte t'indique que tu as des prédispositions pour tout ce qui est lié à la terre : la lithothérapie (soin par les pierres, les minéraux), les médecines basées sur les plantes, les racines (naturopathie, fleurs de Bach, huiles essentielles...), autant d'axes à explorer dans lesquels tu peux te développer sur le plan spirituel.

Et puis, comme le blaireau qui se déplace tant le jour que la nuit, tant sur terre que sous terre, tu sais lire l'âme des gens, tu sais dénicher ce qui est caché, ce qu'ils ne veulent pas montrer.

MÉTÉO ÉNERGÉTIQUE : Il semble que tes énergies soient perturbées et que ce soit en lien avec un sentiment puissant de colère (irritabilité, rancœur, énervement, rage...). En médecine chinoise, cette émotion est liée au foie. Ce dernier s'enflamme lorsque la colère s'exprime, créant maux de tête, bouffées de chaleur, voire vertiges. En revanche, une colère refoulée vide l'énergie du foie et entraîne troubles digestifs en tout genre, fatigue et dérèglement de l'humeur. Ce sont les premiers signes d'une colère mal gérée.

Ressentie violemment, la colère déréglera ton chakra racine. Réprimée, elle atteindra ton chakra de la gorge. Et à terme, tu risques de ressentir des gênes, des signes physiques de perturbations sur les zones liées à ces deux chakras (sphère orale et sphère génitale).

Pour guérir tes énergies, tu es invité(e) à entrer dans une énergie de pardon, que ce soit envers les autres ou envers toi-même. Cela te permettra de te libérer de tes ressentiments et de retrouver légèreté et joie de vivre.

Le Castor

CONSTRUCTION, CONCRÉTISATION

« Je visualise ce que je désire et j'entre dans une énergie de concrétisation de mes projets. »

PERSONNALITÉ : Tel le castor, tu es aussi à l'aise sur terre que dans l'eau, tu t'adaptes facilement à ton environnement direct. Comme lui, tu es aussi très proche de ta famille : tu as besoin d'un foyer chaleureux et soudé pour te sentir épanoui(e). Tu as une grande sensibilité. En amitié comme en amour, tu es fidèle : les personnes de ton entourage savent qu'elles peuvent te faire confiance et compter sur toi. D'ailleurs, tu as besoin d'être entouré(e). Tu es plus performant(e) dans le travail d'équipe, ou dans les sports collectifs.

À l'image du Castor qui construit en permanence, tu es une personne manuelle, débrouillarde, toujours en train de bricoler quelque chose.

VIE PROFESSIONNELLE : Si dans ton travail c'est un peu compliqué en ce moment, le Castor t'incite à te poser les questions suivantes : « Suis-je vraiment à ma juste place ? », « Ai-je négligé mes rêves ? », « Ne suis-je pas dans une énergie passive ? » Cette carte est là pour que tu comprennes que c'est à toi de bâtir, de construire un projet professionnel qui te ressemble : il est temps de te donner les moyens de tes ambitions.

En revanche, si tout va bien, cette carte indique que ta situation professionnelle se consolide, et que tu peux être fier(ère) du travail accompli. En vue : la signature d'un contrat à durée indéterminée, une augmentation, une promotion...

Si tu attends une réponse concernant un emploi auquel tu as postulé, l'énergie de concrétisation du Castor est là pour te rassurer : tout devrait bien se passer pour toi ! Alors, reste confiant(e) !

Et si tu es à la recherche d'un emploi, et que tu as des difficultés à trouver ta voie, sache que tu peux te tourner vers des métiers en lien avec la construction ; des métiers où l'on utilise ses mains pour créer, pour fabriquer. Toutes les professions du bâtiment, ou les métiers manuels, te correspondent particulièrement.

❤ CÔTÉ CŒUR : Sur le plan sentimental, le Castor amène la concrétisation des projets et la stabilité. Si tu es en couple, de très belles choses arrivent pour toi (mariage, achat en commun, Pacs, emménagement à deux, voyage au bout du monde...). Quels que soient tes projets, cette carte est de très bon augure pour ton couple et ton foyer. Ta relation se consolide. Ton/ta partenaire et toi avancez côte à côte, et regardez dans la même direction : celle de votre petit nid douillet. La vie de famille de tes rêves est déjà là... ou toute proche ! Tout se place pour que tu te sentes comblé(e) et épanoui(e) dans ta vie sentimentale.

Si tu es en couple et que les choses sont un peu compliquées en ce moment, garde confiance, tout devrait s'améliorer, se stabiliser pour que ta moitié et toi soyez dans une énergie de construction. Sois dans l'action, mais n'oublie pas que si le castor peut détourner l'eau, les sentiments et le cœur, eux, ne peuvent pas l'être : ne force pas les choses.

Si tu es célibataire, la vie de couple (ou la vie de famille) que tu espères est en chemin pour toi. Tu vas rencontrer une personne sincère, avec les mêmes aspirations que toi, et ensemble, vous pourrez construire les bases d'une relation solide et durable.

SPIRITUALITÉ : Avec un animal « constructeur », ce sont les mains qui sont mises en avant. Il se peut donc que tu aies un fort magnétisme, des talents de guérisseur(se). En effet, le castor sécrète de l'acide salicylique, un composant proche de l'aspirine : tu es donc plus que prédisposé(e) à soigner.

Tu peux également recevoir des messages de tes guides lors de tes rêves. Avant de te coucher, formule tes demandes à l'Univers, à tes guides, à tes défunts afin qu'ils puissent te transmettre les réponses à tes questions par le biais de tes songes.

MÉTÉO ÉNERGÉTIQUE : Tes énergies ont, semble-t-il, besoin d'être « réparées ». Le Castor véhicule à la fois les énergies de l'eau et celles de la terre. Si cette carte apparaît dans ton tirage, il est possible que tu aies un travail émotionnel à faire (élément eau) et que tu doives travailler sur ton ancrage (ta connexion à la terre), et donc sur ton chakra racine.

Prends le temps de respirer, médite en pleine nature, au bord de l'eau ou en forêt, à même la terre : le contact avec ces deux éléments te permettra de te ressourcer.

Le Cerf

DOUCEUR, BIENVEILLANCE

« Chaque jour, je me connecte à mon chakra du cœur. Je cultive et je vibre des énergies de douceur et de bienveillance. »

PERSONNALITÉ : Le Cerf met en avant ta capacité à être « une main de fer dans un gant de velours ». Car même si tu as une grande douceur en toi, tu possèdes la force et la grâce suffisantes pour franchir les obstacles qui se dressent devant toi. Tu es une personne pleine de sensibilité, qui peut avoir une forme d'innocence, celle de l'enfance. Tu donnes beaucoup à tes proches, mais n'oublie pas de t'accorder la même douceur et la même bienveillance. Être doux ne signifie pas non plus être fragile et sans défense : tu sais affirmer tes idées et tes points de vue, mais toujours avec cette délicatesse qui te caractérise. Tu es une personne élégante et raffinée.

Au-delà de ton intuition aiguisée, tu peux faire confiance à ton instinct pour te sortir des situations délicates que tu rencontres. Tu as une bonne capacité d'adaptation et tu sais prendre les décisions nécessaires rapidement.

VIE PROFESSIONNELLE : Comme le Cerf, tu as cette faculté à changer rapidement de direction. Dans ton quotidien professionnel, cela te permet de t'adapter très vite à l'imprévu. C'est une qualité particulièrement appréciée de tes collaborateurs, qui n'hésitent pas à te confier de nouveaux projets. C'est peut-être le cas actuellement si tu as tiré cette carte : il se peut alors que tu aies à faire face prochainement à quelques rebondissements, mais tu devrais bien t'en sortir.

Si tu rencontres des difficultés dans ton travail, le Cerf évoque un changement de direction : une évolution de poste, une réorientation professionnelle... Ta carrière connaît un tournant, mais il s'agit bien de quelque chose de positif. Donc ne t'inquiète pas, tout devrait bien se passer.

CÔTÉ CŒUR : Amour, douceur et bienveillance sont au rendez-vous sur le plan sentimental. Les sentiments sont partagés et ton/ta partenaire et toi avancez main dans la main. Pendant longtemps, tu as pu penser que le bonheur était réservé aux autres, mais aujourd'hui, tu as su sortir des schémas négatifs qui t'empêchaient d'avancer et tu peux désormais goûter à une relation épanouissante et équilibrée.

Si tu es célibataire, garde confiance, une très belle relation est en préparation pour toi. Peut-être as-tu encore quelques blocages émotionnels à lever avant qu'elle ne se présente, mais sois-en sûr(e), une nouvelle relation arrive très bientôt. Si tu es un homme, cette carte annonce une relation dans laquelle tu pourras laisser s'exprimer ton côté protecteur. Si tu es une femme, ton/ta futur(e) partenaire saura t'apporter la sécurité dont tu as besoin.

SPIRITUALITÉ : Dans le domaine spirituel, le Cerf possède une énergie de guérisseur. Ta quête spirituelle est dirigée vers l'équilibre entre douceur et force, entre énergie yin et énergie yang. En ce sens, tu peux tout à fait t'épanouir spirituellement dans tout ce qui est lié au rééquilibrage énergétique.

C'est en étant dans des énergies d'amour et de bienveillance que tu pourras pleinement développer tes capacités de guérison.

MÉTÉO ÉNERGÉTIQUE : En tant qu'emblème des énergies d'amour et d'harmonie, le Cerf te parle de ton chakra du cœur et de ton enfant intérieur.

On te conseille de faire quelques soins de libération de l'enfant intérieur ou de travailler sur les blessures de l'âme afin d'être dans une énergie d'harmonie avec toi-même et de pouvoir à nouveau ouvrir ton cœur. En effet, il y a encore des blessures liées à ton passé, à ton enfance, qui viennent chambouler tes énergies, et plus particulièrement ton chakra du cœur et ton chakra du plexus solaire. En procédant à ce nettoyage énergétique, tu te reconnecteras à des énergies d'amour, de bienveillance et d'abondance.

Il se peut aussi que les perturbations énergétiques viennent du fait que tu es trop dur(e) envers toi-même. Dans ce cas, on te demande d'avoir pour toi la même indulgence, la même bienveillance et la même douceur que celles que tu accordes aux autres.

Le Chat

INDÉPENDANCE

« Je suis libre d'être qui je suis. Je m'aime. Je fais les choses pour moi, à mon rythme et avec douceur. J'ose prendre du temps pour moi. »

PERSONNALITÉ : Le Chat représente la quête du subtil équilibre entre indépendance et sociabilité. Comme lui, tu peux te montrer doux(ce) et ouvert(e) à l'autre, mais l'instant d'après, te retrancher et préférer la solitude. Tu es d'un naturel plutôt calme. Tu es aussi joueur(se), curieux(se), et tu aimes partir explorer l'inconnu, découvrir de nouvelles contrées, de nouvelles personnes… Il est fort probable aussi que tu sois attiré(e) par le monde de l'occulte (ce qui est caché), de l'ésotérisme ; le Chat étant souvent, dans la culture populaire, l'ami des sorcières, cela n'aurait rien d'étonnant. Plus largement, tu aimes découvrir des champs de connaissances qui jusque-là t'étaient inconnus.

Tu sais faire preuve d'adaptabilité et de patience, préférant choisir le bon moment pour agir.

VIE PROFESSIONNELLE : Avec la carte du Chat, l'indépendance est bel et bien au rendez-vous : si tu es actuellement dans une entreprise où tu rencontres des difficultés, notamment dans le rapport avec tes collègues, cette carte est là pour te dire que tu peux tout à fait envisager de travailler de manière indépendante. Tu as du mal à recevoir des ordres ; tu supportes mal l'autorité, surtout si les directives que l'on te donne ne font pas écho à ton cadre de référence. Il y a de fortes chances que tu ressentes actuellement de la lassitude. Tu as besoin d'être libre et que l'on te laisse de l'espace pour mener tes projets à bien. Tu as besoin de nouveauté, que les choses bougent. Alors, il est temps pour toi de réfléchir à ton projet professionnel et d'effectuer les ajustements nécessaires pour être dans un épanouissement total.

Si tu as un projet de création d'entreprise, le Chat t'annonce que tu suis la bonne direction. Tu as toutes les capacités pour mener ton projet à bien. Mais, à l'image de notre ami le chat qui sait faire preuve de patience, prends le temps de bien préparer ton projet.

CÔTÉ CŒUR : Une chose est sûre, tu as besoin de te sentir libre et indépendant(e) dans ta relation. Si ton/ta partenaire est trop contrôlant(e), il est fort possible que tu finisses par t'enfuir. Mais il ne faudrait pas non plus tomber dans une liberté poussée à l'extrême. Dans un tirage concernant le domaine affectif, cette carte t'invite à trouver le juste équilibre dans l'expression de ton besoin d'indépendance. Souviens-toi qu'un couple, même s'il est constitué de deux êtres, deux âmes bien distinctes, a besoin pour exister de moments à deux, de lieux de rencontre.

SPIRITUALITÉ : Le Chat est à lui seul un symbole de spiritualité. Cette carte t'invite à trouver l'équilibre, à aller vers une connaissance profonde de toi-même. En te recentrant sur toi, tu trouveras un équilibre te permettant de t'ouvrir à la lumière. Cette carte parle aussi de ton éveil spirituel, de ton retour à ta véritable nature.

MÉTÉO ÉNERGÉTIQUE : Cette carte est le signe d'un déséquilibre au niveau de tes énergies ; celui-ci peut être rectifié en travaillant sur ton chakra du troisième œil. Tu peux avoir l'impression que les choses autour de toi sont embrouillées, que tu n'arrives pas à comprendre clairement ce qui se passe. Tu peux également être dans le mental, c'est-à-dire avoir des idées qui tournent en boucle dans ton esprit. Un chakra du troisième œil harmonisé te permettra d'accéder à une meilleure compréhension intuitive ; tu percevras les événements avec plus de lucidité, tu pourras rétablir la connexion avec tes guides, et ainsi percevoir les signes qu'ils t'envoient.

La Chauve-souris

LE MENTAL

« Je sors du mental pour me reconnecter à ma voix intérieure. Je demande à mes pensées de faire silence pour mieux écouter mon intuition. »

PERSONNALITÉ : Comme la chauve-souris qui vit au fond de sa grotte, dans l'ombre, tu as tendance à être solitaire. Il est possible aussi que tu aies un passé lourd, difficile, et que certaines de tes blessures t'enferment dans ta part d'ombre. De même, comme cet animal, tu as su développer un radar qui te permet de détecter les situations à risque autour de toi et les personnes potentiellement néfastes. Tes ressentis sont d'ailleurs souvent très justes.

La Chauve-souris renvoie au mental : ton cerveau est en ébullition permanente, empli de pensées, pas toujours très agréables d'ailleurs et difficiles à gérer sur le plan émotionnel. Cet animal totem est là pour t'aider à être dans une libération de ton « mental », à sortir de l'ego, de ces blessures qui t'entravent, pour te guider vers ta propre lumière. Tu as en toi toute la bravoure et le courage nécessaires pour guérir.

VIE PROFESSIONNELLE : La carte de la Chauve-souris, dans un tirage concernant le domaine professionnel, est là pour t'aider à prendre conscience que c'est à toi seul(e) de trouver ton chemin. C'est-à-dire que, si tu rencontres des difficultés dans ton emploi actuel, on te demande de te poser les questions qui te permettront d'y voir plus clair et surtout, de faire, par toi-même, les choix nécessaires pour aller de l'avant. Ton passé difficile t'a doté(e) d'une grande empathie et d'une capacité à écouter et à aider les autres, à les soulager de leurs soucis. Si tu cherches ta voie, cette carte t'indique que tu peux tout à fait envisager une carrière tournée vers les autres : psychologie, accompagnement, aide à la personne, domaine médico-social, travail avec les enfants...

CÔTÉ CŒUR : Avec cette carte, tes guides veulent te faire comprendre qu'il est temps de guérir tes blessures liées au passé pour pouvoir, dans un avenir proche, ouvrir à nouveau ton cœur. La Chauve-souris t'invite à ressentir les choses avec ton cœur plutôt que de les analyser avec ta tête. Le mental, les idées fixes, les pensées négatives t'empêchent d'avancer, malgré tes efforts. C'est en étant dans des énergies de douceur et de bienveillance envers toi-même, en conscientisant les blocages qu'il y a en toi, que tu pourras entrer dans un renouveau énergétique, et ainsi accueillir le renouveau émotionnel que tu attends. Si tu as déjà entamé un travail de libération énergétique, tu es sur la bonne voie, mais il reste encore quelques mémoires bloquantes. Ose être dans des énergies de lâcher-prise. En étant dans le mental, tu es dans le contrôle ; or tu dois comprendre que tu ne peux pas tout contrôler. En te libérant du mental, tu t'autoriseras à être toi-même et tu pourras accepter l'autre tel qu'il/elle est.

SPIRITUALITÉ : La Chauve-souris renvoie au parcours initiatique du chamane : tu es l'intermédiaire entre l'homme et les esprits de la nature. En ce sens, tu es proche des animaux et tu te sens à l'aise en étant « au vert », loin des villes. Mais, pour mener ta quête spirituelle à bien et retrouver l'unité de ton âme, cette carte te demande d'aller vers l'abandon de l'ego (mémoires karmiques, blessures de l'enfant intérieur, mémoires transgénérationnelles...). Tu as de grandes capacités extrasensorielles et tu peux faire confiance à tes ressentis. Pour les développer davantage, tu peux, par exemple, prendre le temps de te ressourcer en pleine forêt, au bord de l'eau, en montagne, ou en étant au contact d'animaux.

MÉTÉO ÉNERGÉTIQUE : Tes énergies peuvent être perturbées si tu es dans le déni de tes capacités spirituelles. En refusant tes dons, tu bloques l'afflux d'énergie, épuisant de plus en plus ton propre capital énergétique. C'est la peur engendrée par ton mental qui est à l'origine de ces blocages. Tu es invité(e) à prendre confiance en toi et à accueillir tes capacités avec amour et bienveillance. De cette manière, tu pourras ensuite les mettre au service d'autrui et retrouver l'équilibre dans tes énergies. En revanche, si tu continues de les bloquer, tu risques de ressentir des troubles physiques importants et de te sentir de plus en plus fatigué(e).

Le Cheval

DÉPLACEMENTS, VOYAGE

« Je suis un(e) explorateur(rice). Je pars à la découverte de l'inconnu, sans crainte, guidé(e) par des énergies d'amour. »

PERSONNALITÉ : La chevauchée permet de tout traverser : les milieux les plus hostiles, de nouveaux pays, même les frontières, qu'elles soient géographiques ou psychologiques. Le Cheval incarne donc le « voyage », l'exploration, les déplacements, et la découverte de soi, des autres. Gare cependant, avec cet animal, à ne pas prendre la fuite lorsque les choses se compliquent ! Comme lui, tu peux être fougueux(se) et passionné(e), et avoir un grand besoin d'espace et de liberté. Il n'est pas toujours évident pour toi de trouver le juste équilibre entre instinct (ton côté sauvage) et docilité : tu ne te laisses pas apprivoiser par n'importe qui, par peur d'être bridé(e), mais globalement, tu te sens plutôt à l'aise, que ce soit dans le cercle familial et même social.

VIE PROFESSIONNELLE : Si c'est un peu compliqué dans le domaine du travail, le Cheval vient te rappeler tes capacités à aller de l'avant et à franchir les obstacles ; alors, ne te laisse pas décourager. Quoi qu'il puisse se passer, tu sais comment réagir, quoi mettre en place pour réussir à atteindre tes objectifs.

Cette carte est donc de bon augure si tu es dans l'attente d'une promotion, ou si tu as postulé pour un emploi que tu penses hors de ta portée. Il pourrait y avoir des déplacements en lien avec ce travail (que ce soit pour te rendre à un entretien d'embauche ou pour l'exercice même de tes futures fonctions).

Avec cette carte, ce sont surtout les métiers en lien avec l'étranger ou impliquant des déplacements (à plus ou moins grande échelle) qui sont privilégiés. Cela te permet de « voir du pays » et de casser la routine, que tu trouves d'un ennui mortel.

♥ CÔTÉ CŒUR : Dans un tirage axé sur le domaine sentimental, cette carte parle d'une relation, ou d'une rencontre, qui implique des déplacements. Peut-être que ton/ta partenaire et toi vivez loin l'un de l'autre. Si c'est le cas, ne t'inquiète pas : cela vous laisse le temps de poser les bases de votre relation et d'apprendre à mieux vous connaître.

Si tu es célibataire et que tu es dans l'attente d'un renouveau dans ta vie sentimentale, il y a de fortes chances aussi pour que ton/ta partenaire se présente sous les traits d'un(e) globe-trotteur(se), qu'il n'habite pas tout près de chez toi, ou encore que sa vie professionnelle soit rythmée par des déplacements géographiques plus ou moins longs.

Si au contraire tu vis avec l'élu(e) de ton cœur, un voyage serait-il en préparation ? Avez-vous la bougeotte ? En tout cas, il y a du mouvement au programme et c'est une très bonne chose : petits week-ends improvisés (ou non), balades, voyages ! Vous profitez ensemble et partez à l'aventure, à la découverte de nouveaux pays, de nouvelles cultures…

SPIRITUALITÉ : Dans le domaine spirituel, la voie du Cheval est d'apprendre à maîtriser ses instincts naturels. Cette carte t'invite à exploiter la vitalité naturelle qui te caractérise pour aller plus loin dans le développement de ta spiritualité. Si tu as déjà commencé ce voyage de reconnexion avec ton moi authentique, alors tes guides t'encouragent à poursuivre sur cette voie. Il est temps pour toi de te détacher du mental pour te connecter pleinement à ton âme.

MÉTÉO ÉNERGÉTIQUE : Est-ce que tu ne serais pas un peu fatigué(e) en ce moment ? C'est comme si tu n'arrivais plus à avancer. Tu es quelqu'un qui a une bonne vitalité, mais il faut aussi penser à te reposer ! Souviens-toi que « Qui veut voyager loin ménage sa monture »·! (Jean Racine, *Les Plaideurs.*)

Le Chien

FIDÉLITÉ

« Je fais preuve d'empathie envers ceux qui m'entourent, mais aussi envers moi-même. Je reste fidèle à qui je suis, à mes valeurs, à mes principes. Je suis mon/ma meilleur(e) ami(e). »

PERSONNALITÉ : À l'image de notre cher ami le chien, tu es une personne profondément gentille, sensible et tu aimes rendre service à ton prochain. Tu es un(e) ami(e) fidèle et tu es très dévoué(e) à ceux qui te sont proches. En amour comme en amitié, tu es d'un soutien sans faille. Tu sais voir au-delà des apparences : tu ressens et vois avec ton cœur, ce qui t'amène généralement à voir le bon en chacun, te faisant parfois l'avocat du diable. Tu sais être patient(e), docile et doux(ce), mais si on te cherche un peu trop ou que quelqu'un tente de nuire à ta famille, tu n'hésiteras pas à sortir les crocs et à mordre. Tu veilles avec beaucoup d'amour et de bienveillance sur ceux que tu aimes. Ta présence est toujours très appréciée.

VIE PROFESSIONNELLE : C'est sur la voie du service à l'autre que tu t'épanouiras pleinement. Serviable et altruiste, tu peux envisager tous les métiers tournés vers l'aide à son prochain : enseignant, éducateur, infirmier, aide-soignant, aide à domicile, pompier... Tu as le cœur à secourir l'autre et, de fait, à t'engager dans le bénévolat ou les causes humanitaires.

Si tu rencontres des difficultés dans ton travail, prends le temps de te poser quelques questions : « Mon travail est-il reconnu à sa juste valeur ? », « Est-ce que ce poste/patron/collègue me respecte ? », « Est-ce que je suis fidèle à mes valeurs en exerçant ces fonctions ? »

Si la réponse est non, peut-être est-il temps de faire quelques réajustements pour que tu puisses t'épanouir professionnellement. Un renouveau se profile à l'horizon (changement de service, d'emploi...), et ce nouvel emploi correspondra pleinement à la belle personne que tu es.

CÔTÉ CŒUR : Quand tu aimes, c'est pour la vie, et la fidélité est au rendez-vous. Si tu files actuellement le parfait amour, le Chien vient confirmer (ou te rassurer, si tu avais un doute) qu'entre vous, les sentiments profonds et nobles sont bien présents. Ami(e)s et amant(e)s, vous formez un couple soudé et épanoui.

En revanche, si tu es en couple et que tu rencontres des difficultés avec ton/ta partenaire, cette carte te conseille de faire attention : il ne faudrait pas que tu tombes dans une relation où tu es tellement dévoué(e) à l'autre qu'il/elle te mène par le bout du nez, ce qui s'apparente à de la soumission. Reste avant tout fidèle à qui tu es et à tes besoins !

Si tu es célibataire, cette carte indique que c'est dans le cercle amical que tu rencontreras ton/ta prochain(e) partenaire. N'y a-t-il pas un(e) ami(e) dont tu es particulièrement proche ?

SPIRITUALITÉ : Pour t'épanouir, on te demande de te détacher du regard des autres et du sentiment d'attente. L'important ici, c'est de rester fidèle à qui tu es, sans chercher l'approbation permanente de l'autre ou sa reconnaissance. Peut-être as-tu déjà entamé un travail de libération émotionnelle. Si ce n'est pas le cas, il pourrait être intéressant de commencer un travail de nettoyage des blessures de l'âme, et peut-être plus particulièrement de la blessure du rejet. Fais les choses pour toi et sois fier(ère) de tout ce que tu as déjà accompli.

MÉTÉO ÉNERGÉTIQUE : À trop te dévouer aux autres, tu en oublies parfois tes propres besoins, ce qui a pour effet de faire fondre tes réserves énergétiques comme neige au soleil. Il est temps de recharger tes batteries en prenant du temps pour toi : sache qu'il n'y a aucun mal à ça ! Accordes-tu toujours ta loyauté aux personnes qui la méritent ? Il est possible que tu sois marqué(e) par des mémoires bloquantes qui te mènent toujours dans des relations (quel que soit le domaine) où tu donnes tout à l'autre, mais ne reçois rien en échange. Ce déséquilibre n'est pas juste pour toi. Il est temps de penser à toi et d'honorer la belle personne que tu es.

La Chouette

INTROSPECTION

« En prenant le temps d'analyser mes sentiments et mes émotions, je parviens à trouver les réponses dont j'ai besoin pour avancer. »

PERSONNALITÉ : Symbole de grande sagesse, la chouette est connue pour sa capacité à percevoir ce que les autres ne voient pas. Comme elle, ton sens de l'analyse te permet de déceler l'illusion et la tromperie. Tu sais ce que tu veux et ta capacité à discerner le vrai du faux t'aide à bien cerner les gens que tu rencontres : tu ne perds pas ton temps avec des personnes fausses. Tu es très sensible à la spiritualité, ton intuition est puissante et constitue ta principale alliée. Annonciatrice de changement, la Chouette met en avant tes capacités d'adaptation face à la nouveauté.

Avec les gens que tu aimes, tu es doux(ce) et prévenant(e), et tu as une façon bien à toi d'exprimer ce que tu ressens.

VIE PROFESSIONNELLE : Dans ce domaine, cette carte t'invite à l'introspection : que souhaites-tu réellement pour ton avenir professionnel ? Es-tu vraiment à la place qui te convient ? D'où viennent les difficultés que tu rencontres ?

Il y a comme un décalage entre ce que tu souhaites et ce qui est, que tu peux résoudre en prenant le temps de l'analyse et de l'introspection. Si tu ne sais pas comment t'y prendre, tu peux, par exemple, réaliser un bilan de compétences. Quoi qu'il en soit, le moment est venu d'explorer ta vérité intérieure pour trouver ta voie.

Symbole de mort, la Chouette est aussi annonciatrice de la fin d'un cycle. Elle annonce donc le renouveau.

CÔTÉ CŒUR : Suis le conseil de la Chouette et reconnecte-toi à ton intuition : va chercher les réponses qui te manquent à l'intérieur de toi. Si tu ressens un doute au sujet de ton/ta partenaire, c'est bien que quelque chose ne va pas ; alors fais le vide en toi et écoute ce que ta voix intérieure a à te dire. Si ce n'est pas de l'autre que tu doutes, mais de toi-même, si tu ne sais plus où tu en es dans ta relation, alors interroge-toi sur tes sentiments. Prends le temps de faire le point. Quelles sont tes réelles intentions ? Restes-tu par amour ou par habitude ? Est-ce la peur d'être seul(e) qui te retient ? C'est en procédant à cette analyse de toi-même que tu obtiendras les réponses que tu cherches.

Avec la Chouette, pour connaître le renouveau (que ce soit dans le cadre d'une relation existante ou d'une nouvelle rencontre), on te suggère de te défaire de certaines vieilles habitudes.

SPIRITUALITÉ : Avec cette carte, la Chouette t'accompagne à la suivre sur le chemin de l'introspection. Elle te demande de te confronter à ta propre vérité pour découvrir tes capacités cachées. En te reconnectant avec ton moi profond, en allant chercher les réponses à l'intérieur de toi, tu accèdes à la sagesse et surtout, à la connaissance intuitive. Tu n'en as pas encore conscience, mais tu possèdes des capacités spirituelles puissantes.

Tes guides t'invitent à l'analyse en profondeur de ta personnalité. Une meilleure connaissance de toi-même te permettra d'accéder pleinement à tes capacités spirituelles. C'est par ta voix intérieure que tu reçois les messages de tes guides ; alors écoute ton intuition. Tu possèdes au plus profond de toi les clés te permettant d'être connecté(e) à ta spiritualité.

MÉTÉO ÉNERGÉTIQUE : La Chouette te demande un travail d'introspection pour comprendre d'où viennent tes blocages. Lorsque nous sommes confrontés à un choc émotionnel, cela crée un blocage énergétique dans notre corps. La mémoire de ce choc s'inscrit jusque dans nos cellules. Cela crée des nœuds énergétiques, et les énergies ne circulent plus comme elles le devraient. On ne perçoit pas les choses comme elles sont réellement. Fatigue et douleurs physiques deviennent alors nos maux au quotidien. Sont-ils liés à des mémoires émotionnelles de l'enfance ? À une mémoire transgénérationnelle ? Pour le savoir, et pour te libérer de ces émotions lourdes et négatives, tu es invité(e) à procéder à une autoanalyse et à faire le deuil de certaines situations du passé. De cette manière, tu pourras être dans un renouveau énergétique.

La Coccinelle

CHANCE

« Chance et bonheur font partie de ma vie. »

PERSONNALITÉ : La Coccinelle met en lumière ton côté chanceux : globalement, tu réussis tout ce que tu entreprends sans trop de difficultés. Tu es une personne aimante, simple, et tu as effectué un long travail d'évolution qui t'a permis de t'épanouir pleinement. Tu sais prendre des décisions en étant aligné(e) avec tes besoins, tes valeurs et tes principes. Légèreté et innocence font partie de toi : tu ne te tracasses pas outre mesure. Tu es une personne facile à vivre, très dévouée à ceux qu'elle aime.

QUEL QUE SOIT LE DOMAINE : La chance est au rendez-vous ! Lorsque tu rencontres des difficultés (au travail, dans ta vie amoureuse...), elles s'évaporent comme par magie. Tout se place de la meilleure manière possible, tout va bien. Cette carte est 100 % positive et de bon augure alors... relax, profite de ce moment de bonheur. Avec la Coccinelle, tous les feux passent au vert :

- Si tu te sens de mauvaise humeur, elle passe au beau fixe.

- Si tu es à la recherche d'un emploi, une opportunité satisfaisant tous tes critères s'offre à toi.
- Si tu es en attente d'un renouveau amoureux, les choses s'améliorent et ta relation prend un nouveau départ, ou tu rencontres le partenaire idéal.
- Si tu te sens fatigué(e), le regain d'énergie arrive.
- Etc.

L'Univers, dans sa grande bonté, place sur ton chemin tout ce dont tu as besoin ! En cette période d'abondance, c'est le moment d'exprimer ta gratitude pour toutes les belles choses de la vie !

Cette carte ne parle que d'évolutions positives, alors profites-en ! Tu pourrais même décrocher une petite somme en essayant de tenter ta chance aux jeux de hasard... Qui sait ?

Le Colibri

LÉGÈRETÉ, JOIE DE VIVRE

« Je laisse la joie envahir ma vie. Je visualise mes tracas dans des bulles de savon que je laisse s'envoler au gré du vent. Ainsi débarrassé(e) des énergies négatives, je me sens léger(ère) et profite avec bonheur de chaque instant. »

PERSONNALITÉ : Loin de la négativité ambiante, tu te laisses porter par la joie de vivre et la légèreté du bonheur.

Tu es capable de grandes choses, voire de prouesses insoupçonnées, et souvent, tu es là où l'on ne t'attend pas. Tu as de grandes capacités d'adaptation et tu fais preuve d'une grande résilience : tu sais surmonter les coups durs comme personne. Tu es tenace et n'abandonnes pas facilement la partie !

Tu es une personne vive, espiègle, malicieuse, et tu possèdes un grand cœur. Tu croques la vie à pleines dents, voyant en chaque jour une nouvelle opportunité. Tu es un(e) grand(e) sensible ; on pourrait même dire un(e) « hypersensible ».

VIE PROFESSIONNELLE : Tous les métiers impliquant le relationnel te conviennent particulièrement bien ! Tu sais conseiller avec bienveillance, écouter, accompagner… Alors si tu recherches ta voie, sache que tu pourras t'épanouir dans tous les métiers qui impliquent de prendre soin de l'autre : esthétique, coiffure, kinésithérapie, podologie, garde d'enfants, coaching… Les possibilités sont infinies.

Si tu rencontres des difficultés dans le monde du travail, le Colibri met en évidence une certaine rigidité dans ta façon de réagir face à l'inattendu. Il t'invite à faire comme lui : à t'adapter à l'imprévu, à suivre le rythme de la vie et, si vraiment c'est nécessaire, à oser changer de direction.

Cette carte t'incite vraiment à faire preuve de plus de flexibilité : tous les changements ne sont pas négatifs ou dangereux ! Bien au contraire.

CÔTÉ CŒUR : Ne prends-tu pas les choses trop au sérieux ? Le Colibri t'enjoint à plus de légèreté dans ta vie affective. Les épreuves de la vie t'ont poussé(e) à te refermer, mais aujourd'hui il est temps que tu acceptes de t'ouvrir à nouveau à l'amour. En ouvrant ton cœur à ton/ta partenaire (ou en t'ouvrant à la possibilité d'une nouvelle rencontre), tu laisseras la place aux énergies puissantes de joie et d'amour dans ta vie, et tu goûteras à ce sentiment de plénitude que tu mérites tant. En t'ouvrant à nouveau, tu attires à toi le doux nectar de la vie.

SPIRITUALITÉ : Le chemin du Colibri est celui de l'abandon de toute forme de négativité pour retrouver la légèreté des énergies lumineuses. Pour cela, il te faut apprendre à gérer ta grande sensibilité et trouver le juste équilibre pour pouvoir avancer rapidement sur le chemin de ton évolution spirituelle.

MÉTÉO ÉNERGÉTIQUE : Tes énergies peuvent être perturbées par la négativité extérieure et tu peux ressentir une instabilité émotionnelle. Étant hypersensible, tu absorbes telle une éponge les émotions de ceux qui t'entourent. Mais là, il est temps de prendre du temps pour toi et de mettre à distance les soucis des autres. Tu es invité(e) à profiter des plaisirs simples de la vie. Prends le temps de t'amuser ; retrouve ton âme d'enfant l'espace d'un instant. Cela te permettra de faire le plein d'énergies positives et de te reconnecter avec la joie de vivre qui te caractérise et te va si bien. Si tu te sens « déprimé(e) », connecte-toi aux énergies de cette carte et de cet animal totem pour retrouver un sentiment de joie.

Le Corbeau

MAGIE

« Je me laisse porter par la magie de la Vie. Je suis au bon moment et au bon endroit. »

PERSONNALITÉ : À l'image du corbeau, tu es entouré(e) de mystère : tu ne te dévoiles aux personnes qui t'entourent qu'avec le temps ; tu aimes cultiver ton jardin secret. Tu es une personne intelligente qui, comme lui, sait prendre de la hauteur pour avoir une perspective d'ensemble sur ce qui se passe. Tu sais te montrer courageux(se) et audacieux(se), et tu fais preuve d'une bonne adaptabilité. Quelle que soit la difficulté, tu trouves toujours comment te tirer d'affaire.

Avec cette carte, attention cependant à ne pas tomber dans les travers que l'on prête au corbeau et qui le font voir comme un manipulateur prêt à tout pour arriver à ses fins.

Souvent associé à la sorcellerie, le Corbeau met en avant ton attrait pour les sciences occultes (à comprendre ici : ce qui est caché, inconnu par nature).

VIE PROFESSIONNELLE : Pour créer la magie que tu attends dans ta vie professionnelle, le Corbeau t'invite à faire preuve d'audace et de détermination.

Contrairement à sa réputation d'« oiseau de mauvais augure », le Corbeau, ici, ne véhicule pas de négatif. Si tu fais face à une situation compliquée, ne t'inquiète pas : tu devrais recevoir le soutien dont tu as besoin pour obtenir ce que tu souhaites. Si les choses stagnent, cette carte est annonciatrice de renouveau : les choses arrivent comme par magie. Reste confiant(e) : selon la loi de l'attraction, attire à toi ce que tu désires par la visualisation positive.

♥ CÔTÉ CŒUR : Si tu viens de rencontrer quelqu'un, ou que tu es dans une relation déjà bien installée et que tout se passe bien, cette carte n'est pas négative. Laisse-toi porter par la magie de l'amour : organisez-vous des petits moments à vous, créez votre propre magie. Tu peux même avoir l'impression que c'est trop beau pour être vrai. Mais non ! Alors, profite.

En revanche, si tu rencontres des difficultés dans ton histoire d'amour, le Corbeau te met en garde contre la manipulation d'une personne de ton entourage (plus ou moins proche). Cela peut venir directement de ton/ta partenaire, mais il y a de grandes chances que ce soit une tierce personne, extérieure à ta relation, qui vienne perturber ton équilibre sentimental (une nouvelle rencontre, un « ami » qui n'en est pas vraiment un, une personne jalouse...). Cette carte est là pour te dire : « Méfiance ! » Prends le temps d'observer. Comme le corbeau, prends de la hauteur afin d'avoir une vue d'ensemble et de mieux comprendre ce qui se joue : ne te laisse pas avoir par les belles paroles ; « magie » rime parfois aussi avec « illusion ».

En amour, le corbeau est très fidèle, mais son caractère prudent le poussera à prendre son envol s'il sent que la situation est néfaste pour lui. Alors, si tu sens que tu es dans une situation qui n'est pas juste pour toi, le Corbeau t'invite à y mettre un terme. De cette manière, poussé(e) par ta capacité d'adaptation, tu pourras repartir explorer de nouvelles voies et retrouver la magie de l'amour.

SPIRITUALITÉ : Animal assez commun, le corbeau se rencontre assez facilement. Dans un tirage, il est là pour te faire prendre conscience que la magie est partout et te révéler tes capacités spirituelles. Tu as la faculté de percevoir des choses qui ne se sont pas encore produites. Tu as des dons de voyance, une intuition qui peut se révéler prophétique. Cette carte t'invite à accepter tes capacités et à les développer.

MÉTÉO ÉNERGÉTIQUE : Tu sais percevoir les éventuels changements subtils au niveau énergétique. D'ailleurs, le moindre dérèglement de tes énergies t'interpelle directement, et tu sais quoi faire pour élever ton taux vibratoire (pensée positive, connexion à la nature, soins énergétiques, méditation, musique...). Si tu tires cette carte, c'est peut-être justement que tu en as besoin. Peut-être es-tu sur des fréquences plus basses en ce moment. Il est temps de remonter tout ça. Plus tu vibreras sur des énergies hautes, et plus tu attireras le positif dans ta vie : synchronicités, expériences positives, abondance... Plus tu vibres « haut » et plus la magie opère !

Le Dauphin

COMMUNICATION

« J'exprime clairement mes besoins et mes sentiments, sans crainte. »

PERSONNALITÉ : Il se peut que tu te sentes en décalage par rapport à ton entourage ; pas toujours compris(e), toi qui es pourtant ouvert(e) au monde.

Malgré tout, tu es d'une nature joueuse et joyeuse. Tu sais faire preuve de compassion et d'amour envers ton prochain, n'hésitant pas à tendre la main à celui ou celle qui en a besoin. Tu es magnétique et très intelligent(e), bien au-delà de la moyenne. Tu es aussi un(e) très, très grand(e) sensible. On pourrait même parler d'hypersensibilité te concernant. Tu ressens les émotions de façon exacerbée, que ce soit dans le positif comme dans le négatif. C'est d'ailleurs ce qui constitue ta fragilité, mais une chose est sûre : tu ne triches pas.

VIE PROFESSIONNELLE : Tu sais exécuter parfaitement plusieurs tâches à la fois et aller à l'essentiel tout en empruntant des chemins différents. Tu es un(e) excellent(e) analyste et un(e) grand(e) communicant(e).

Tu as besoin de pouvoir t'exprimer dans le cadre professionnel. Tu as la capacité d'adapter ta façon de communiquer à la personne qui est en face de toi. Tu peux donc envisager tous les métiers te permettant de mettre à profit ces qualités : attaché de communication, publicitaire, journaliste, auteur, médiateur, psychologue...

Si tu rencontres des difficultés dans ton travail, n'aie pas peur d'en parler avec les collègues concernés, ou même avec ta hiérarchie. La communication permet bien souvent de résoudre beaucoup de choses. En tout cas, c'est une étape à ne pas négliger avant de prendre une décision radicale.

♥ CÔTÉ CŒUR : Avec le Dauphin, la communication est la clé. Alors ose exprimer ce que tu ressens, ce que tu veux.

Si tu rencontres des difficultés avec ton/ta partenaire, celles-ci sont probablement liées à un défaut de communication : peut-être que vous ne vous écoutez pas suffisamment, ou que vous n'arrivez pas à vous parler calmement. Le dauphin, en tant que grand communicant, cherche à entrer en communication avec l'homme, mais n'utilisant pas le même langage, la compréhension peut être parfois difficile. Peut-être que les problèmes de communication dans ton couple sont du même ordre. N'oublie pas que les hommes viennent de Mars, et les femmes... de Vénus !

Cette carte t'invite à mettre en place de nouvelles techniques de communication, à faire quelques ajustements pour rétablir le lien avec ton/ta partenaire et vous permettre d'avancer. Tu peux, par exemple, t'inspirer du travail de John Gray, qui propose des pistes intéressantes pour instaurer une communication plus fluide et sereine.

SPIRITUALITÉ : Tu perçois, ressens et comprends les situations avec une extrême précision et une vitesse déconcertante (en référence au sonar).

Tu es canal : tu reçois les messages de l'Univers et de tes guides d'une manière parfois « originale ».

Ton éveil spirituel ne sera possible que si tu mets tes capacités au service de ton prochain : communique aux autres les énergies d'amour et de joie de vivre. Tu sais les toucher et les mener sur le chemin de l'évolution spirituelle. Tu sais comment les accompagner afin qu'ils se libèrent de leurs blessures les plus profondes, les plus cachées. Toutefois, veille à rester dans des énergies d'amour et d'humilité.

MÉTÉO ÉNERGÉTIQUE : En tant que grand(e) sensible, tu peux avoir tendance à absorber les énergies négatives de ceux qui t'entourent ou de ton environnement. Pour te reconnecter à tes énergies, tu dois apprendre à te protéger. Tu peux, par exemple, porter une labradorite, une pierre de protection très puissante. Attention également à ton chakra de la gorge : trop fermé, il entraîne des problèmes de communication ou te confronte à des personnes hermétiques au dialogue.

L'Écureuil

ENFANT INTÉRIEUR

« J'arrête de me prendre au sérieux. Je retrouve la joie et l'innocence de l'enfance. Je profite de la vie. »

PERSONNALITÉ : Comme l'écureuil, tu es une personne très lumineuse, très solaire. Tu es énergique, vif(ve), plein(e) de joie, de gaieté. Tu es un(e) grand(e) enfant : tu aimes rire, t'amuser, plaisanter. Socialement ouvert(e), tu t'intègres facilement dans un groupe.

Les écureuils ont beau faire des réserves, ils n'en retrouvent que 10 % chaque année. Se pourrait-il que, comme eux, tu sois tête en l'air ? Tu sais profiter des plaisirs simples de la vie. L'enjeu, avec cette carte, sera de réussir à trouver le juste équilibre entre prévoyance et distractions.

VIE PROFESSIONNELLE : Ta vie professionnelle est liée aux enfants. Il y a de fortes chances que tu travailles auprès de ce public.

Si tu es à la recherche d'un emploi, que tu ne sais pas trop où est ta voie, tu peux envisager tous les métiers qui touchent au monde de l'enfance : auteur de littérature jeunesse, enseignant, auxiliaire de puériculture, Atsem, assistant maternel, éducateur spécialisé...

Il est possible aussi que la période soit au changement. L'Écureuil t'invite à sortir du « train-train » quotidien et à accueillir les événements de façon plus légère. Même dans le travail il est possible de retrouver son âme d'enfant !

CÔTÉ CŒUR : Dans le domaine sentimental, cette carte t'invite à retrouver toutes les belles énergies de l'enfance : innocence, joie, et surtout, confiance en l'avenir. Peut-être prends-tu les choses trop au sérieux ? Il est temps pour toi de te laisser porter par les événements et de lâcher prise. L'Écureuil t'invite vraiment à sortir de ta routine, de ta zone de confort.

Si tu es dans une relation où les choses stagnent, il se pourrait bien que cela change : place à la nouveauté, aux surprises.

En revanche, si tu es célibataire et que tu es dans l'attente d'un renouveau en amour, cette carte annonce une rencontre à venir, et il se pourrait bien, d'ailleurs, que ce soit une personne qui a déjà des enfants.

SPIRITUALITÉ : Pour t'épanouir dans ta spiritualité, cette carte te demande d'aller à la rencontre de ton enfant intérieur : c'est véritablement un outil de développement personnel puissant. Cela te permettra de trouver les réponses aux questions que tu te poses depuis longtemps et d'entrer dans une énergie d'amour de soi.

Cet enfant intérieur, ce n'est pas l'enfant que tu étais ; c'est le siège de tes émotions. Et souvent, nous ne prenons pas le temps de l'écouter. Alors laisse-toi aller, accepte de perdre le contrôle. Laisse sortir les émotions qui sont à l'intérieur de toi, celles qui te parasitent au quotidien ou t'empêchent d'avancer. Laisse ta joie s'exprimer librement et vibrer. Sois simplement dans l'écoute de tes émotions, avec bienveillance et amour. De quoi as-tu besoin, là, maintenant ?

MÉTÉO ÉNERGÉTIQUE : Comme l'écureuil qui accumule des tas de provisions, il y a de grandes chances que tu aies mis de côté non pas des noisettes, mais des blessures dont certaines remontent à tes jeunes années.

Cette carte t'invite à travailler sur la libération de ton enfant intérieur. Ici, il s'agit bien de tes blessures liées à l'enfance. En fait, lorsque nous vivons un choc émotionnel, particulièrement étant enfant, c'est comme si notre âme se morcelait. Pour se protéger, notre mental va enfouir dans l'inconscient les « portions » de nous qui ont été blessées, toutes ces choses qui nous ont fait du mal. Cela crée une dualité en nous, des conflits intérieurs.

Pour être dans un épanouissement total, pour rassembler les différentes parties de toi et retrouver l'unicité de ton âme, on te conseille de travailler sur les blessures de ton enfant intérieur, de les guérir, de t'en libérer.

L'Éléphant

SAGESSE

« En faisant preuve de modération et de prudence dans ma façon d'agir, je manifeste de la sagesse et j'accède à une conscience spirituelle élevée. »

PERSONNALITÉ : Comme le sage éléphant, tu as acquis une grande sagesse : tu as accepté ce qui fut, tu acceptes ce qui est, et ce qui sera.

Même si, comme lui, tu as été bien des fois malmené(e) par l'homme, tu possèdes une immense force intérieure qui t'a permis de te libérer des mémoires bloquantes du passé et des énergies destructrices telles que la colère et la rancune. Tu sais prendre le recul nécessaire pour sortir de l'énergie négative du jugement et être dans une énergie de pardon : l'Éléphant se souvient, mais il accepte et pardonne.

Tu aspires à une vie calme, harmonieuse et paisible, et tu marches avec puissance et sérénité sur ton chemin de vie. Bienveillance, endurance, détermination, patience et compassion sont parmi tes plus belles qualités.

VIE PROFESSIONNELLE : L'Éléphant met en avant tes capacités à accompagner l'autre dans la réalisation de soi, dans sa quête de paix intérieure. En te connectant à ta force intérieure, tu auras cette faculté à venir en aide à ceux qui traversent des périodes compliquées. Tu peux donc envisager tous les métiers qui consistent à aider les autres : psychologue, assistant social...

Si tu es malmené(e) dans ton travail, cette carte met en avant ta faculté à avancer malgré les épreuves. Ne te laisse pas déstabiliser. Tu parviens à passer « entre les gouttes » de l'averse pour atteindre tes objectifs. Alors reste sur ta ligne de conduite, comme à ton habitude, aussi imperturbable que l'éléphant qui avance.

CÔTÉ CŒUR : Cette carte t'invite à faire preuve de sagesse. On te demande d'accepter les choses comme elles sont, de les voir telles qu'elles sont et non comme tu aimerais qu'elles soient. Si tu rencontres des difficultés dans ta relation, regarde-les comme des signes : peut-être est-il temps d'admettre que ton/ta partenaire et toi n'êtes pas faits l'un pour l'autre ? En acceptant que la porte se referme sur cette relation, tu accèdes à la possibilité d'une nouvelle rencontre, et donc de LA rencontre avec ton âme sœur. Alors, ne sois pas défaitiste. Chaque rencontre apporte un enseignement. Accepte-le simplement.

Si tu es célibataire, mais que tu n'arrives pas à avancer, on te conseille encore une fois d'accepter, de faire le deuil d'une relation passée : ce n'était pas ton âme sœur. Cela te permettra d'entrer dans une énergie de renouveau.

SPIRITUALITÉ : Dans le domaine spirituel, la voie de l'Éléphant est celle de l'amour inconditionnel. On te demande de t'engager sur le chemin de l'acceptation : accepte les choses, celles qui se sont passées en premier lieu, mais aussi celles qui sont. On ne te demande pas d'oublier, mais d'entrer dans une énergie de pardon. Ainsi, tu choisis de te libérer des épreuves du passé, de tes (res)sentiments (colère, haine...), pour avancer en paix, avec sagesse, sur ton chemin de vie. En acceptant l'ombre d'une mémoire, tu accèdes aussi à sa partie lumineuse.

MÉTÉO ÉNERGÉTIQUE : Si tu ressens des perturbations au niveau de tes énergies, alors peut-être as-tu en toi un sentiment de rancune face à une situation du passé. On te demande de ne plus te battre contre ton passé, mais de l'accepter, d'en faire une force pour avancer. Pour cela, tu es invité(e) à entrer dans des énergies de pardon et de compassion, y compris envers toi-même. Comprends que chaque épreuve, aussi dure fût-elle, t'a amené(e) à grandir et apprends à voir le positif qui découle de chaque expérience de vie.

L'Escargot

PATIENCE

« En faisant preuve de patience, je laisse la place aux synchronicités dans ma vie. Je pratique la visualisation et la pensée positive : tout vient à point… ! »

★ QUEL QUE SOIT LE DOMAINE : A-t-on déjà vu un escargot courir ou gagner une course de vitesse ? Quel que soit le domaine concerné, cette carte est là pour t'inciter à faire preuve de patience. Que tu sois dans l'attente d'un renouveau professionnel ou d'une rencontre amoureuse, tu es invité(e) à lâcher prise. Le renouveau que tu attends sera bientôt là, mais il faut que tu acceptes de laisser le temps au temps.

Tu ne dois pas chercher à précipiter les événements ou forcer les choses, sinon tu risques de rencontrer des blocages et des retards. Tout arrivera quand tu t'y attendras le moins. Accepte simplement de ne pas pouvoir tout contrôler. Place ta confiance en l'Univers et en tes guides, et laisse faire les synchronicités. Tu peux aussi visualiser les choses que tu souhaites voir advenir dans ta vie : pense positif. Selon les principes de la loi de l'attraction, souviens-toi que l'on attire à soi ce à quoi l'on accorde de l'importance par la pensée. C'est donc plus que jamais le moment de visualiser de façon positive.

Le Fennec

ÉMOTIONS CACHÉES

« En toute confiance, j'ose exprimer ce que je ressens. »

PERSONNALITÉ : Comme le fennec, tu es rusé(e), agile et résistant(e) à l'adversité. Sur le plan émotionnel, tu es assez pudique : tu ne montres pas facilement tes sentiments, préférant les enfouir plutôt que de les ressentir pleinement. Tu peux alors passer pour une personne froide et « sans cœur » aux yeux d'autrui, alors que ce n'est pas du tout le cas. Pour t'épanouir, tu as besoin d'être dans un environnement stable, que ce soit dans ton couple ou au sein de ta famille.

À l'image du fennec, qui est un animal sédentaire, tu es plutôt casanier(ère), et tu préfères profiter de la chaleur de ton foyer que t'éparpiller dans des activités diverses et variées.

VIE PROFESSIONNELLE : Le fennec est rusé et capable de s'adapter à n'importe quelle situation, et tu as, comme lui, la capacité à évoluer dans un milieu professionnel d'apparence hostile. Mais pour trouver la stabilité dont tu as besoin pour t'épanouir, cette carte te demande de te relier à ce que tu ressens vraiment. Que désires-tu au fond ?

Si tu ressens des tensions émotionnelles ou physiques en lien avec ta profession, on te conseille de les écouter et de les considérer comme le signe que tu n'es pas sur une voie qui te convient pleinement. Ose reconnaître que ça ne va pas (ou plus) et prends les décisions qui te permettront d'être dans un épanouissement professionnel total.

♥ CÔTÉ CŒUR : Il semble que tu sois dans la négation de tes sentiments. Cette carte te demande de ressentir pleinement les émotions qui te traversent, et de les exprimer. Que peut-il y avoir de mal à dire « Je t'aime » ? Il se peut que tu rencontres quelques difficultés dans ta relation, simplement parce que tu n'oses pas, par peur ou par pudeur, dire à ton/ta partenaire combien tu tiens à lui/elle.

Peut-être que l'élu(e) de ton cœur ne correspond pas aux attentes de ta famille et que, de ce fait, tu t'interdis de vivre pleinement cette relation. Si c'est le cas, la carte du Fennec t'invite à te faire confiance et à oser exprimer ce que tu veux vraiment au fond de toi. Cet animal véhicule la stabilité amoureuse et affective, alors ne crains pas de dire ce que tu ressens.

Si tu es célibataire, ou que tu viens tout juste de rencontrer quelqu'un, il y a des chances pour que tu vives prochainement une relation « à l'abri des regards ». On dit bien que pour vivre heureux, il vaut mieux vivre caché. Sache que les débuts de cette nouvelle idylle seront placés sous le signe de la discrétion. Ne vois pas cela comme quelque chose de négatif, mais plutôt comme un moyen de préserver ta relation, de la protéger. Les autres cartes présentes dans ton tirage pourront t'aider à comprendre pourquoi.

SPIRITUALITÉ : Ta spiritualité est étroitement liée à tes émotions. Tu es invité(e) à conscientiser tes sentiments afin d'être dans une meilleure connaissance de toi-même et de retrouver confiance en toi. C'est en parvenant à une meilleure gestion et une meilleure maîtrise de tes émotions que tu pourras développer ta faculté à percevoir l'invisible et à faire le lien entre monde spirituel et monde physique.

MÉTÉO ÉNERGÉTIQUE : Les émotions refoulées perturbent tes centres énergétiques et entraînent bien souvent des maux physiques :

- la colère engendre douleurs à l'estomac, troubles gynécologiques... ;
- le stress est à l'origine de maux de tête, de troubles du sommeil, d'inconfort abdominal, d'accélération du rythme cardiaque... ;
- le sentiment de solitude provoque des tensions dans le haut du dos... ;
- l'inquiétude génère des douleurs lombaires...

Ce sont des signes à prendre en compte : ton corps t'alerte sur le fait qu'une émotion est mal gérée et que cela crée un dérèglement dans tes énergies.

Pour retrouver ton équilibre, on te conseille de laisser ces émotions sortir de toi : crie ta colère, pleure ton chagrin... dessine, sculpte, peins, chante... Quelle que soit ta façon de le faire, ose simplement exprimer tes émotions.

Le Flamant rose

TRANSMUTATION,
PENSÉE POSITIVE

« Je transforme le négatif en positif. Derrière chaque épreuve, il y a une possibilité d'évolution. Je choisis de voir le positif. »

PERSONNALITÉ : Le Flamant rose incarne l'équilibre. Comme lui, tu es charismatique, agréable. Tu es une personne organisée, responsable et qui sait faire preuve de discernement. Le travail en équipe te convient particulièrement bien, parce que tu es un être sociable. Tu es très entouré(e). Mais attention à ne pas devenir dépendant(e) de ceux qui t'accompagnent.

Tu es une personne positive. Au fil de tes expériences, tu as appris à transmuter les énergies négatives en énergies positives. Et même si les moments difficiles peuvent encore te faire perdre ton équilibre émotionnel, tu as en toi les ressources pour transformer la douleur en force.

Tu sais faire le tri entre ce qui est bon pour toi et ce qui ne l'est pas. Tu vas de l'avant et tu n'as pas peur de rêver en grand. Tu sais attirer l'abondance dans ta vie.

VIE PROFESSIONNELLE : Les métiers qui reposent sur un travail en équipe te conviennent plutôt bien. Tu es même tout à fait à l'aise en tant que responsable, patron(ne), chef(fe), car tu sais mener tes employés sur le chemin de la réussite en leur communiquant ta bienveillance et ta lumière.

Tu oses voir les choses en grand en visualisant que tout est possible : et tu as bien raison ! Utilise le pouvoir de la visualisation et de la pensée positive pour t'aider à atteindre tes rêves les plus fous.

Si tu rencontres des difficultés au travail, ou que tu es dans une recherche d'emploi compliquée, cette carte t'invite à entrer dans le positif, dans l'action : sois le/la créateur(rice) de la vie que tu désires et ne laisse pas de place à la négativité, car elle t'empêche d'aller de l'avant.

CÔTÉ CŒUR : Ton passé amoureux a pu être marqué par des relations difficiles, voire brutales, émotionnellement, et tu as pu avoir l'impression d'être dans une spirale négative.

Aujourd'hui, tu as su tirer les enseignements de chacune de tes expériences et faire des épreuves que tu as traversées une force. Tu as compris que les plus grands changements s'amorcent hélas dans la douleur. Tu sais voir maintenant le positif derrière le négatif : si une relation se termine, elle laisse la place au renouveau.

Ne te laisse plus aspirer par la négativité et les personnes néfastes pour toi, cela te permettra d'attirer à toi des personnes lumineuses et d'aller vers des relations positives.

Si tu es actuellement engagé(e) dans une relation compliquée, cette carte est là pour te rassurer et te dire que, même si c'est difficile, tu as en toi la force de transformer les énergies négatives du moment en lumière. À toi de voir si la relation que tu vis est la bonne pour toi. Si la réponse est non, alors libère-toi du négatif et ouvre-toi au renouveau. Ton expérience n'est pas un échec, c'est seulement un pas de plus vers la rencontre de ton âme sœur, alors garde confiance.

SPIRITUALITÉ : Le Flamant rose t'invite à retrouver ton équilibre émotionnel. Pour ce faire, tu dois apprendre à développer un esprit positif. En focalisant ton attention et tes pensées sur des énergies positives, tu te permets de vivre des expériences heureuses et de rencontrer des personnes qui vibrent sur les mêmes énergies que toi. L'inverse est vrai aussi. Alors, on t'encourage vraiment à entraîner ton esprit à la pensée positive. Cela te permettra d'ouvrir les portes de l'abondance.

MÉTÉO ÉNERGÉTIQUE : Si tes énergies sont perturbées, c'est peut-être que tu te laisses enliser par la négativité de ton environnement. On te conseille de filtrer les énergies : nourris-toi du positif et laisse le négatif de côté. Tu peux pratiquer la visualisation et la pensée positives. Relie-toi à la loi de l'attraction pour augmenter ton taux énergétique. Tu peux également te rapprocher de l'élément eau : que ce soit au bord de la mer, d'une rivière, ou en prenant un bain, l'eau agira comme un nettoyant énergétique, emportant avec elle tout le négatif pour ne laisser en toi que le positif.

La Fourmi

TRAVAIL,
MONDE MATÉRIEL

« En agissant avec confiance et conviction, j'acquiers une puissance de travail me permettant d'accéder à l'abondance matérielle. »

PERSONNALITÉ : À l'image de la fourmi dotée d'une grande capacité de travail, tu as le pouvoir d'accomplir des tâches qui, de prime abord, ne te semblent pas à ta portée. Tu possèdes une grande force. Comme elle, tu ne t'arrêtes jamais ! Le travail en groupe est un véritable moteur pour toi. Tu es une personne active, qui agit en prévision de l'avenir. Tu peux faire partie de ces personnes qui veulent tout et tout de suite, mais tu sais aussi mettre en œuvre ce qui est nécessaire pour avoir ce que tu désires. Ton attachement au monde matériel peut cependant te couper de ta spiritualité. Peut-être es-tu un peu trop terre à terre ?

VIE PROFESSIONNELLE : Si tout va bien, aucun nuage à l'horizon avec la Fourmi dans un tirage relatif au domaine professionnel. Tu es un(e) collaborateur(rice) actif(ve), apprécié(e) par tes collègues et tes supérieurs pour l'incroyable énergie que tu déploies dans ton travail. Tu es efficace et ne renonces pas, même quand la tâche est grande. Cependant, tu restes humain(e) : tu n'es pas inépuisable !

Si tu rencontres des difficultés dans ton travail, on te met en garde contre l'épuisement et le burn-out. Peut-être supportes-tu un rythme trop intense depuis trop longtemps ? Tu es tellement focalisé(e) sur les tâches à accomplir que tu n'as plus une minute à toi. Alors, lève le pied et souffle un peu ; après tout, tu le mérites bien.

Si tu es à la recherche d'un emploi, tu devrais réussir à trouver très prochainement. Tu n'es pas du genre à rester inactif(ve), tes guides le savent bien.

♥ CÔTÉ CŒUR : Ton investissement professionnel perturbe ta vie sentimentale. On dirait que tu es tellement accaparé(e) par ton travail que tu en oublies de prendre soin de ta vie amoureuse. Soit ton/ta partenaire peut se sentir délaissé(e), soit tu n'as tout simplement pas le temps pour t'engager dans une relation. Cette carte est là pour que tu prennes conscience qu'il serait temps de lever le pied et d'accorder un peu plus d'attention à tes affaires de cœur.

La Fourmi parle aussi d'éventuels blocages matériels. Il est possible que quelque chose d'ordre matériel te retienne dans le passé et t'empêche de t'engager dans une nouvelle relation (un divorce qui n'est pas encore prononcé, un bien immobilier qui n'est pas encore vendu...). Quoi que ce puisse être, on te conseille de prendre le temps de dissoudre ces blocages : ce n'est que comme ça que tu connaîtras le renouveau que tu attends dans le domaine sentimental.

SPIRITUALITÉ : La Fourmi vient te rappeler que tu n'es pas relié(e) à ta spiritualité. On t'invite à trouver l'équilibre entre le monde matériel et le monde spirituel. On te demande de te reconnecter à la nature et à l'Univers pour attirer à toi une autre forme d'abondance.

MÉTÉO ÉNERGÉTIQUE : Il se peut que tu te sentes fatigué(e) en ce moment, que tu aies une baisse d'énergie. Mais si, comme la fourmi, tu ne t'arrêtes jamais, il est normal que tes réserves énergétiques s'amenuisent. Gare au surmenage ! On te dit qu'il est temps de te reposer. En cherchant à dépasser tes limites, tu ne ferais que continuer à épuiser ta belle énergie. Prends le temps de te ressourcer en te connectant aux énergies de la nature.

La Girafe

PAIX INTÉRIEURE,
MONDE SPIRITUEL

« En prenant conscience que je ne peux pas tout contrôler, j'accepte ce qui est et j'entre dans des énergies de lâcher-prise et de pardon. Ainsi, je retrouve la paix intérieure. »

PERSONNALITÉ : Que de douceur avec la Girafe ! Tu as un grand cœur. Tu es une personne sincère, gentille et calme. Tu sais prendre de la hauteur et faire des choix mesurés, tempérés. Tu aspires à une vie de paix et de sérénité. Tu sais prendre la vie du bon côté, avec optimisme, et laisser de côté stress et énervement, en évitant soigneusement les tensions.

Tu incarnes l'Amour, celui de l'Univers, du Ciel. Cette carte indique également que tu es du genre à suivre ton cœur plutôt que la raison. Tu débordes d'amour et de sentiments positifs. C'est parce que tu as accepté tes failles, tes fragilités que tu es devenu(e) invulnérable. S'il ne te restait qu'une seule faiblesse, ce serait ta difficulté à t'aimer toi-même, à oser être toi.

VIE PROFESSIONNELLE : La Girafe t'invite à prendre ton temps. Elle te conseille de faire face aux tensions avec sérénité. Avec cette carte, on te rappelle qu'il n'y a que des solutions. Et c'est en restant calme face aux événements qu'elles t'apparaîtront clairement. La Girafe te déconseille de prendre une décision sur un coup de tête ou de faire un choix radical : prends le temps de la réflexion.

CÔTÉ CŒUR : Dans le domaine sentimental, douceur et tendresse sont au rendez-vous. Tu débordes d'amour et les sentiments sont partagés. Petites attentions et démonstrations d'affection sont de la partie.

Cette carte t'invite à exprimer clairement et calmement tes émotions et tes besoins à ton/ta partenaire. Si la communication est violente ou s'il y a un rapport de force dans vos échanges, la Girafe appelle à plus de douceur et de bienveillance : place à une communication non violente.

Si tu es célibataire et que tu n'arrives pas à rencontrer quelqu'un, ou en tout cas que les relations ne se stabilisent pas, la Girafe t'encourage à travailler sur ton rapport à toi-même. Tes guides veulent te faire comprendre qu'avant de pouvoir aimer quelqu'un et t'épanouir en couple, tu dois avant tout t'aimer toi-même et prendre du temps pour toi, seul(e). Fais preuve de bienveillance à ton égard.

SPIRITUALITÉ : La girafe, avec sa tête proche des cieux et ses pattes bien ancrées au sol, est l'union des forces du Ciel et de la Terre. Tu es le/la messager(ère) de l'Univers pour les hommes.

Comme la girafe, tu sais percevoir l'invisible pour mieux comprendre ce qui se joue dans le monde matériel. Tu as une grande intuition. Cette carte t'invite à élever ton esprit afin de développer tes capacités psychiques. Tu peux notamment travailler sur ton chakra couronne et ton chakra du troisième œil, mais n'oublie pas de rester ancré(e).

Pour accéder à la paix intérieure, il te faudra accepter les choses telles qu'elles sont ; à toi de prendre de la distance avec ce qui te rend la vie difficile pour cheminer sur la voie de l'acceptation et du pardon : c'est là, la véritable élévation spirituelle.

⚡ MÉTÉO ÉNERGÉTIQUE : Respire un grand coup. Prends le temps de méditer. Si tu es d'un naturel plutôt nerveux, la Girafe est là pour t'accompagner à retrouver ta paix intérieure. Laisse-toi envahir par des énergies de calme et de sérénité.

Le Guépard

RAPIDITÉ, ACCÉLÉRATION

« Lorsque les événements vont trop vite pour moi, je prends le temps de rassembler mes énergies. En étant aligné(e), je ne me laisse pas déborder. »

PERSONNALITÉ : Tu es une personne extrêmement vive. Tu es plein(e) de vitalité, d'énergie et de force. Tu sais prendre des décisions vite, faire des changements de direction rapides, précis et efficaces.

Comme le guépard, tu as tendance à être plutôt solitaire et indépendant(e). Tu es partisan(e) du « Seul(e) on va plus vite », ce qui te permet de laisser s'exprimer ta grande énergie. Tu es courageux(se), intelligent(e) et déterminé(e). Tu ne te laisses pas facilement intimider. Attention toutefois à ne pas tomber dans l'impatience et une certaine forme d'agressivité. Cependant tu sais également faire preuve d'empathie envers ton prochain.

VIE PROFESSIONNELLE : Si jusqu'à maintenant les choses stagnaient sur le plan professionnel, le Guépard t'annonce que c'est l'heure du changement. Si tu es à la recherche d'un emploi, de nouvelles opportunités vont se présenter à toi dans les prochains jours, à condition bien sûr que tu sois dans une énergie d'action.

Au travail, les choses bougent vite et en ta faveur : promotion, augmentation... Tes efforts vont bientôt être récompensés. Mais pour gérer au mieux la rapidité des événements et ne pas te sentir déstabilisé(e), on te conseille de rester centré(e) et de ne pas t'éparpiller.

Si tu as entamé des démarches pour créer ton entreprise, on te demande de définir clairement tes objectifs, et de bien rester concentré(e) afin de les atteindre rapidement.

Quoi qu'il en soit, cette période d'accélération sera momentanée et il te faudra ensuite prendre le temps de récupérer de tes efforts. Faire une pause te permettra de te recentrer et de retrouver ton équilibre intérieur.

❤ CÔTÉ CŒUR : Avec le Guépard, les choses s'accélèrent. Il se peut que tu te sentes un peu bousculé(e) par la rapidité avec laquelle tous les événements se présentent, mais rassure-toi : l'issue sera positive pour toi.

Si tu es en couple en ce moment et que tu attends que certaines choses changent dans ta relation, tout se met en place très vite.

Si tu es célibataire et que tu es dans l'attente d'un renouveau sentimental, la rencontre avec ton âme sœur est plus proche que tu le crois. Ta prochaine relation va vite arriver et vous serez tous les deux dans les mêmes attentes de construction et d'engagement.

SPIRITUALITÉ : Le guépard est l'animal des guérisseurs. Alors, si cette carte apparaît dans ton tirage, c'est que tu possèdes des dons pour guider les autres sur le chemin de la guérison. Tu as des capacités de magnétisme et tu sais utiliser les sons pour guérir l'âme des gens (musique, bols de cristal, bols tibétains...). On te conseille d'accueillir ces dons et de les mettre au service des autres.

MÉTÉO ÉNERGÉTIQUE : Globalement, tu es quelqu'un d'énergique. Mais des énergies mal gérées peuvent compliquer ton quotidien : tu peux osciller entre tourbillon d'énergie et batteries à plat. Pour canaliser tout cela, et avoir une meilleure santé, on te conseille d'équilibrer tes énergies en étant dans l'action. Tu peux, par exemple, pratiquer un sport de façon régulière : si tu as trop d'énergie, cela te permettra de la réguler ; et si tu en manques, être actif(ve) te permettra de te sentir mieux.

Le Hérisson

RESTER SOURD

« Je reste sourd(e) à ce que me disent les autres. Je n'écoute que ma voix intérieure. Seule mon intuition connaît le chemin. »

PERSONNALITÉ : Le hérisson est plutôt solitaire. Comme lui, tu peux avoir tendance à te retirer du monde pour te protéger, par peur de souffrir ou d'être blessé(e). Mais tu dois apprendre à trouver le juste milieu et à ne pas t'isoler complètement. Même si tu es un être pacifiste, tu ne manques pas de piquants face à ceux qui ont une attitude agressive à ton égard. Tu es donc naturellement méfiant(e), et sais très bien te protéger des « vipères ». Les gens t'apprécient pour ta grande gentillesse ; celle-là même qui peut aussi te rendre vulnérable. Ta présence rassure tes proches. Ils se sentent en sécurité à tes côtés.

VIE PROFESSIONNELLE : Malheureusement, il y a toujours des personnes pour te dire quoi faire, ou comment gérer ton travail alors qu'elles-mêmes n'y connaissent rien. La carte du Hérisson t'invite à ne pas te laisser déstabiliser par ces mauvaises langues et à te faire confiance.

Si tu as un projet qui te tient à cœur, mais que certaines personnes de ton entourage te disent que tu n'y arriveras pas, souviens-toi toujours qu'elles ne font qu'exprimer leurs propres limites, leur propre incapacité à atteindre les objectifs que tu t'es fixés.

Garde bien à l'esprit que tu as en toi toutes les capacités pour réussir. C'est ton intuition qui te mènera sur la voie de l'abondance, alors n'écoute pas les autres et fais-toi confiance.

CÔTÉ CŒUR : Il semble que ton entourage, familial ou amical, soit enclin à te donner des conseils sur ta vie amoureuse, et ce, que tu leur demandes leur avis ou non.

La carte du Hérisson est là pour te rappeler que tu ne dois pas écouter les autres. Leurs conseils, même s'ils peuvent être ou (en tout cas) sembler bienveillants, ne sont pas justes et sont déformés par leur propre cadre de référence. Les écouter pourrait parasiter ce que tu ressens. D'autant qu'il y a aussi autour de toi des personnes qui ne sont pas bien intentionnées et qui tentent délibérément de te mener sur la mauvaise voie. Alors fais-toi confiance et suis ton intuition !

Il est possible que ton âme sœur ne corresponde pas aux attentes de ta famille, ou qu'elle ne plaise pas à ton entourage, mais tu dois te rappeler ceci : tu es seul(e) maître de ta vie ; écoute ton cœur et ton intuition, ils te guideront dans la bonne direction. L'important, c'est que tu sois heureux(se) avec la personne de ton choix.

SPIRITUALITÉ : Tu dégages une aura douce et rassurante, qui te permet de mettre facilement en confiance les personnes que tu accompagnes. Ainsi détendues, elles sont plus à même de recevoir ton enseignement.

Tu as cette capacité d'aider les autres à s'ouvrir à la lumière et à leur propre spiritualité. Ta mission est de répandre la lumière, la joie, l'amour, le bonheur... Toutes ces belles énergies positives qui font s'élever l'âme.

MÉTÉO ÉNERGÉTIQUE : Si tu te sens perturbé(e) au niveau de tes énergies, c'est sûrement que tu te laisses parasiter par le regard des autres. Tu es invité(e) à les laisser dire et penser ce qu'ils veulent. Ne te laisse pas déstabiliser par leurs mauvaises énergies. Reconnecte-toi à ta lumière intérieure, et prends conscience que tu es une belle personne : aie confiance en toi !

L'Hermine

COURAGE

« Je crois en moi. J'ai le courage de surmonter n'importe quel événement. J'ai un potentiel de création infini. Je peux y arriver, je peux le faire. »

PERSONNALITÉ : L'Hermine est porteuse de valeurs nobles. Tu sais être juste et tu possèdes une grande pureté morale. Tu as une grande force intérieure et tu sais faire preuve de courage en toutes circonstances. Tu es un(e) ami(e) sincère et bienveillant(e). Comme l'hermine qui change de pelage en fonction des saisons, tu sais faire preuve d'une bonne adaptabilité ; tu ne crains pas le changement. Tu es une personne vive et précise : tu sais agir efficacement pour atteindre les objectifs que tu t'es fixés. Tu possèdes de bonnes capacités d'analyse et d'observation : tu perçois plus que ce que les autres peuvent voir.

VIE PROFESSIONNELLE : Avec les qualités de l'Hermine, tu es un(e) excellent(e) collaborateur(rice), mais tu préfères la discrétion à la renommée. Même si tu es très efficace dans toutes les tâches qui te sont confiées, le leadership n'est pas pour toi :

tu préfères rester en retrait, dans l'ombre de tes supérieurs qui te tiennent en haute estime. Dans un tirage concernant le domaine professionnel, cette carte signifie que ton travail est reconnu à sa juste valeur et que tu es à ta juste place.

Si tu as un projet professionnel en tête (changer d'emploi ou travailler à ton compte, par exemple), ou que tu rencontres des difficultés dans ton travail, l'Hermine t'accompagne pour aller au bout des choses. Tu as en toi toutes les ressources nécessaires pour réussir : détermination, ténacité et courage. Alors, même si des obstacles se dressent sur ta route, tu sauras les franchir. Accompagnée dans un tirage du Castor ou du Blaireau, cette carte indique simplement que la route vers l'entrepreneuriat sera semée d'embûches, mais qu'elle te sera accessible si tu fais preuve de courage.

♥ CÔTÉ CŒUR : Si tu es dans une relation, mais que les choses sont compliquées avec ton/ta partenaire, c'est peut-être qu'il y a encore des mémoires bloquantes en toi. Ton cœur a beaucoup souffert et tu as pu l'enfermer à double tour dans une carapace épaisse. Comme la graine fait preuve de courage pour percer son enveloppe et germer, sortir du sol fébrilement et braver l'extérieur avant de s'épanouir, tu es invité(e) à aller vers l'inconnu. C'est en osant sortir de ta zone de confort, en ouvrant à nouveau ton cœur, que tu pourras t'épanouir pleinement. La route peut paraître longue et incertaine, mais par ce cheminement tu te donnes une chance de connaître l'amour. Alors aie le courage d'affronter ces blessures du passé, cela en vaut la peine !

Si tu viens de rencontrer l'élu(e) de ton cœur et que les choses sont un peu compliquées, peut-être que ton/ta partenaire n'a pas encore fait le deuil d'une précédente relation, ou que la rupture est encore trop récente pour qu'il/elle envisage de s'engager avec toi. Cela ne veut pas dire que votre histoire n'est pas possible, mais que tu vas devoir faire preuve de patience et de courage pour t'adapter à son rythme émotionnel. En forçant les choses, tu ne ferais que créer des blocages.

SPIRITUALITÉ : Le sentiment de peur est généré instinctivement de façon à nous protéger des dangers. Mais si la peur est exacerbée, elle paralyse et empêche d'avancer. L'Hermine t'invite à affronter tes peurs (peur du rejet, de l'abandon, d'être soi-même, du regard des autres…) avec courage, et à prendre le dessus sur elles. Cette carte est là pour t'accompagner dans cette démarche. Le courage et l'audace sont à la peur ce que la lumière est à l'ombre. Relie-toi aux énergies de l'Hermine, laisse-toi envahir par l'énergie de courage qu'elle véhicule. Affirme cette vérité : « J'ai le courage de… » Répète cette phrase autant que nécessaire. Encourage-toi quotidiennement jusqu'à ce que cela devienne une habitude. Tu pourras alors transcender ta peur et ouvrir de nouvelles perspectives d'évolution.

MÉTÉO ÉNERGÉTIQUE : Ne laisse personne te dire ce que tu es capable de réaliser ou non ! Tu possèdes une puissance de création infinie : puise simplement en toi le courage d'être qui tu es. Cette carte t'invite à travailler sur ton chakra racine. Cela te permettra de gagner en confiance et de développer force et courage.

Le Hibou

PART SOMBRE, OBSCURITÉ, TRISTESSE

« En me confrontant à ma part sombre et en accueillant mes émotions négatives, je me permets d'accéder aussi à ma lumière. »

PERSONNALITÉ : En tant qu'animal nocturne, le hibou est souvent associé à la tristesse, à la solitude, et même à l'obscurité. Il se peut donc que, comme lui, tu préfères être seul(e). Tu peux aussi ressentir beaucoup de mélancolie, de tristesse, et avoir la fâcheuse tendance à voir le verre à moitié vide plutôt que de faire preuve d'optimisme. Peut-être laisses-tu ce que tu as vécu de négatif déterminer ce que tu es ? Tu as pourtant une certaine forme de sagesse et une intuition très développée. Comme le hibou, tu dois apprendre à voir malgré l'obscurité, à transcender les expériences déroutantes et la tristesse pour en faire une force et aller vers la lumière.

VIE PROFESSIONNELLE : Tu es dans une situation professionnelle difficile au point de sombrer dans des pensées négatives : tu te sens triste, seul(e), fatigué(e) et perdu(e) ; tu n'es plus que l'ombre de toi-même.

On te conseille de faire une pause pour prendre le temps d'y voir plus clair, parce que là, ton esprit est embrouillé. Ces derniers temps, ton rapport à ton travail s'est grandement dégradé et tes énergies sont marquées par l'épuisement, et ce, à tous les niveaux (physique, émotionnel et mental).

Sans aller jusqu'à démissionner ou changer de voie, tu es invité(e) avant tout à faire une pause et à prendre le temps de la réflexion, pour te retrouver. Relaxe-toi (sport, détente..., tu peux aussi te faire accompagner par un thérapeute). Cette carte est un signal d'alarme. En prenant du temps pour toi, tu te donnes une chance de transformer ce burn-out en de nouvelles possibilités professionnelles. C'est une période délicate, mais tes guides sont là, ils te soutiennent, sache-le.

❤ **CÔTÉ CŒUR** : Dans le domaine sentimental, tu as pu connaître beaucoup de déceptions. Aujourd'hui, tu peux douter du fait que tu aies droit au bonheur et préférer rester seul(e), par peur. Cela a pour effet de te plonger dans un sentiment de tristesse et cela bloque à la fois ton chakra du cœur et ton chakra sacré : résultat, tu te replies sur toi-même. Pourtant, tes guides veulent que tu saches que tu mérites d'aimer et d'être aimé(e). Mais pour cela, tu dois sortir de ta part d'ombre pour entrer dans des énergies positives.

Si tu es en couple, peut-être que tu te laisses envahir par la peur : peur que l'autre ne soit pas sincère, peur que ça ne dure pas, peur que les sentiments ne soient pas partagés...

Cette carte te demande d'analyser la source de ces peurs. Ne laisse pas tes doutes assombrir votre relation, parce qu'il n'y a aucune raison que tu aies peur.

SPIRITUALITÉ : Pour t'épanouir, on te conseille de te réconcilier avec tes parts d'ombre ; celles qui sont vraiment gênantes au point de te bloquer dans ton évolution spirituelle. Sur le principe de l'arbre qui cache la forêt, tu peux avoir l'impression que lorsqu'une ombre se dissipe, une autre apparaît. Ce sentiment est normal et il faut que tu sois conscient(e) que, pour réussir dans ce processus de libération, le temps sera ton meilleur allié. Au final, en allant chercher dans ton inconscient ces parts d'ombre, et en les acceptant, tu accéderas à la lumière et tu pourras te connecter pleinement à ton intuition.

MÉTÉO ÉNERGÉTIQUE : Ne serais-tu pas un peu triste ou pessimiste ? Cette carte t'invite à te libérer de ces énergies négatives et à voir toutes les belles parts lumineuses en toi. Focalise ton attention sur le positif. Entraîne ton mental à l'optimisme. Tu peux, par exemple, tenir un petit carnet : chaque jour, écris à l'intérieur quelque chose qui a été satisfaisant pour toi (une réussite, une joie, un petit ou grand bonheur…), trouve au moins un élément positif. De cette manière, tu pourras voir la vie sous un angle nouveau et vibrer sur des énergies plus lumineuses.

L'Hirondelle

LES NOUVELLES

« La visualisation et la pensée positive me permettent d'être dans des énergies d'abondance : les bonnes nouvelles arrivent. »

PERSONNALITÉ : Avec l'Hirondelle, c'est ta persévérance qui est mise à l'honneur. Tu es en quête d'harmonie et d'équilibre permanente et tu es capable de fournir tous les efforts nécessaires pour y parvenir. Courage, persévérance et détermination font partie de tes traits de caractère : tu sais te donner les moyens de tes ambitions. Comme l'Hirondelle, tu sais faire face à tes parts sombres pour guérir et transformer l'ombre en lumière. Tu restes fidèle à qui tu es, à tes valeurs, à tes principes, parce que tu as compris l'importance de s'aimer et d'être bienveillant envers soi-même. Tu es une personne responsable et autonome.

VIE PROFESSIONNELLE : L'Hirondelle est une messagère d'harmonie. Alors si cette carte sort dans un tirage sur le domaine professionnel, elle est annonciatrice de bonnes nouvelles ! Tu vas recevoir prochainement une lettre, un e-mail ou un appel t'annonçant un renouveau professionnel. Ces nouvelles opportunités pourraient même te mener vers un emploi que tu n'aurais jamais envisagé. Pour autant, on te demande te rester ouvert(e) à ces nouvelles possibilités, car si elles se présentent à toi, c'est pour une bonne raison !

Si tu as postulé à un nouvel emploi, sois confiant(e) : la réponse sera positive. Soit tu seras pris(e) pour le poste que tu espérais, soit on va te proposer quelque chose qui te correspond davantage. Alors sois positif(ve) et visualise ce que tu désires.

❤ CÔTÉ CŒUR : Annonciatrice du printemps, l'hirondelle est porteuse de bonnes nouvelles.

Si tu es en couple, cette carte indique la possibilité d'une surprise en préparation, d'un cadeau... Quoi que ce puisse être, tu vas te sentir comblé(e), aimé(e). Alors laisse-toi porter par les événements et profite !

S'il y en avait, les difficultés s'envolent et laissent place au renouveau : ta relation évolue de façon positive (communication rétablie, retrouvailles...), tout s'arrange, parfois même d'une façon complètement inattendue.

Si tu es célibataire, tu pourrais bien recevoir les nouvelles de quelqu'un que tu n'as pas vu depuis longtemps (ancien ami, ancien amour...). Quelqu'un revient dans ta vie, et c'est une très bonne chose pour toi.

Les bonnes nouvelles que tu attends arrivent, et plus tu seras dans une énergie de lâcher-prise, plus vite elles arriveront.

SPIRITUALITÉ : Le chemin spirituel de l'Hirondelle est celui de la quête de l'harmonie et de l'accomplissement de soi.

Pour atteindre le parfait équilibre holistique (c'est-à-dire sur tous les plans : émotionnel, physique, psychique, sexuel, spirituel, énergétique), l'Hirondelle t'invite à accepter cette alternance perpétuelle entre yin et yang. Plonger dans tes parts d'ombre pour révéler ta propre lumière, comprendre que tout est parfait pour ton évolution et ton élévation spirituelle, chaque défi, chaque épreuve, même si tu n'en perçois pas toujours le sens immédiatement.

MÉTÉO ÉNERGÉTIQUE : Il semble que tes énergies yin et yang soient en déséquilibre. Ainsi, tu peux avoir tendance à penser que ton bonheur dépend d'autrui. Tu es invité(e) à prendre la responsabilité de ta vie et de ton bonheur : personne à part toi n'en est responsable. Alors, tu pourras sortir du triangle infernal « victime-sauveur-bourreau ». Vole vers ton propre équilibre en écoutant la voix de ton cœur ; tu es ton seul maître ! Aie foi en toi, en qui tu es.

La Huppe fasciée

NOUVELLE RENCONTRE

« Je laisse place au renouveau dans ma vie. J'ai confiance en l'Univers. »

PERSONNALITÉ : Cette carte met en avant de belles qualités : tu es une personne très intelligente, savante même. Tu préfères une vie familiale épanouie à une vie sociale riche. Pour autant, tu te laisses quand même facilement approcher : la condition étant que l'on ne vienne pas t'ennuyer. Tu partiras d'ailleurs à tire-d'aile si tu sens le moindre danger. Tu es une personne intègre, exigeante, et tu sais faire preuve d'adaptabilité.

VIE PROFESSIONNELLE : Il se pourrait que ta carrière professionnelle évolue grâce à la rencontre d'une nouvelle personne ou par le biais de son intervention. Si tu as un projet particulier en tête, cette carte annonce que sa réussite sera liée à une nouvelle rencontre : tu ne peux pas tout mettre en place seul(e), alors n'hésite pas à élargir le cercle de tes connaissances car cela te sera réellement bénéfique. Cette personne pourrait t'apporter une nouvelle approche, des informations, une aide administrative… Alors ne t'enferme pas seul(e) dans tes projets, sinon tu risques de rencontrer des retards et des blocages. L'Univers place sur ta route tout ce dont tu as besoin ; accueille avec bienveillance et gratitude les aides extérieures qui peuvent se présenter.

♥ CÔTÉ CŒUR : Si tu es célibataire, la Huppe fasciée est de bon augure : tu vas bientôt faire une nouvelle rencontre. Mais pour que cela puisse avoir lieu, il va te falloir accepter d'entrer dans une énergie de lâcher-prise total. Laisse les choses se placer tranquillement, sans chercher à les contrôler ; sinon cela risque de créer des retards. Tu as déjà beaucoup travaillé sur toi-même ; tu as libéré les mémoires bloquantes qui t'empêchaient d'être pleinement toi-même… Tu as su faire le nécessaire pour que de nouvelles synchronicités se mettent en place : tu vas très prochainement rencontrer quelqu'un avec qui construire une très belle relation.

Si tu viens de rencontrer quelqu'un, souviens-toi que l'Univers ne place jamais rien ni personne sur ta route par hasard. Il y a donc de grandes chances que ce soit le renouveau amoureux que tu attends qui se présente à toi. Saisis cette belle opportunité.

Si tu es en couple, cette carte peut signifier que ta relation prend un nouvel envol. Si vous vivez loin l'un de l'autre, vous allez organiser une nouvelle « rencontre », un moment rien qu'à vous. S'il y a des tensions, cette carte annonce des réconciliations.

SPIRITUALITÉ : La Huppe fasciée est la messagère du monde invisible, elle annonce une renaissance spirituelle. Elle t'invite à renaître à toi-même, en te connectant à ta beauté intérieure. Il est temps pour toi de voir la belle personne que tu es, d'aller à la rencontre de qui tu es et d'aimer cette personne. Accorde-toi la même bienveillance et la même douceur que celles que tu accordes à ton prochain. Tu as déjà entamé ce travail en te débarrassant de mémoires bloquantes, mais il te reste encore un tout petit effort à fournir pour être pleinement libre.

MÉTÉO ÉNERGÉTIQUE : La Huppe fasciée est là pour te mettre en garde contre les énergies négatives des personnes que tu côtoies. Il y a dans ton entourage une personne malveillante. On te conseille de t'en protéger. Tu peux par exemple utiliser les pierres comme l'œil-de-tigre ou la labradorite. Visualise une bulle et place-toi à l'intérieur. Cette bulle, c'est un bouclier, un champ de protection qui ne laisse passer que les énergies positives.

Les Inséparables

ÂMES SŒURS

« Je mérite l'amour dans ma vie, je l'accueille avec bienveillance et gratitude. Je goûte à la plénitude. J'aime et je suis aimé(e) en retour. »

PERSONNALITÉ : De nature très sociable, tu aimes être entouré(e). Tu es une personne vive et plutôt directe : quand tu veux quelque chose, tu n'y vas pas par quatre chemins.

Tu as tendance à donner facilement ta confiance et à te laisser « apprivoiser ». Cependant, tu préfères les grands espaces et tu n'aimes pas avoir l'impression d'être en cage. Quand tu aimes, c'est pour la vie. Tu donnes sans compter (que ce soit à ton/ta partenaire, à tes amis ou à ta famille). Tu es une personne loyale et dévouée.

VIE PROFESSIONNELLE : Avec cette carte, cela ne fait aucun doute, tu as trouvé ta voie, ta vocation. Tu es exactement dans la profession qui correspond à ton chemin de vie. Tu exerces tes fonctions avec amour, avec passion, tu es à ta juste place. Qu'importe si tu rencontres parfois quelques difficultés, tu sais que c'est dans ce travail que tu pourras t'épanouir pleinement, parce qu'il vibre avec ton âme.

Si tu es à la recherche d'un emploi, ou dans l'attente d'un renouveau professionnel (réorientation), c'est en te connectant à ton cœur, à ton quatrième chakra, que tu trouveras ta voie. Ce n'est plus le moment d'écouter la raison. Tu as besoin d'exercer une profession qui soit en accord avec tes valeurs, tes convictions profondes. Alors que te dit ton cœur ? Ton âme ? Écoute-les, suis-les, ils connaissent le chemin.

❤ CÔTÉ CŒUR : Si tu pouvais encore avoir un doute sur ta relation, la carte des Inséparables vient te rassurer : la personne avec laquelle tu partages ta vie en ce moment est bien une de tes âmes sœurs. Romantisme, communication fluide et sentiments partagés sont au rendez-vous. Il y a un lien karmique entre vous : il y a de très grandes chances pour que vous vous soyez déjà connus dans une ou plusieurs vies antérieures. Quoi qu'il en soit, sois serein(e) et confiant(e), tu es dans une relation qui va t'apporter beaucoup de bonheur et de satisfaction, et ce, sur le long terme.

Si ta relation ressemble parfois aux montagnes russes, mais que quelque chose vous lie l'un à l'autre quoi qu'il arrive, pas de panique : même si cela peut être déstabilisant, cette relation est là dans le but de vous faire évoluer mutuellement. Vous faites l'un(e) et l'autre ressortir le meilleur de votre moitié, mais aussi le pire.

Si tu es célibataire, cette carte t'annonce que ta prochaine rencontre sera la « bonne » : tu vas vers une relation avec ton âme sœur. Ta vie amoureuse se stabilise avec une personne qui aura les mêmes aspirations que toi. Alors lâche prise et accueille ce renouveau avec amour et gratitude.

SPIRITUALITÉ : Ton éveil spirituel pourrait prendre un nouveau tournant avec la rencontre d'une de tes âmes sœurs. Vous allez vous reconnaître, vous retrouver, avoir cette sensation que vos âmes se connaissent déjà et, en fait, c'est le cas. Que ce soit une rencontre amicale ou amoureuse, ce sera un lien très fort : vous partagerez les mêmes croyances, la même ouverture d'esprit. Vous pourriez travailler ensemble, dans le domaine spirituel. En tout cas, c'est une rencontre qui vous permettra d'évoluer l'un(e) et l'autre.

MÉTÉO ÉNERGÉTIQUE : Tes énergies semblent plutôt bien équilibrées. Tu te sens bien, centré(e), en phase avec toi-même. On t'invite à continuer de mettre en place des choses pour maintenir cet état d'équilibre énergétique.

En revanche, si tu es dans une attitude de jugement envers toi-même, que tu es trop sévère ou que tu as du mal à prendre du recul, c'est qu'il y a des perturbations au niveau de tes énergies, et plus précisément au niveau de ton chakra du cœur. Pour revenir à la bienveillance et à la douceur, tu peux, par exemple, utiliser du quartz rose. En rééquilibrant ton quatrième chakra, tu pourras améliorer ton rapport à toi-même, mais aussi ta relation à l'autre.

Le Koala

DÉPENDANCE

« Je me libère du sentiment de dépendance. De cette façon, je m'autorise à être libre, libre d'être moi-même, libre d'être qui je suis. Je m'aime et je prends soin de moi. »

PERSONNALITÉ : Paradoxalement, le koala est un animal solitaire et en même temps très apprécié. Tu possèdes aussi cette ambivalence : tu aimes être entouré(e), en être charmant, calme et amical que tu es, mais malgré tout, tu peux te sentir seul(e).

Tu peux avoir tendance à beaucoup compter sur les autres (conseils, soutien, aide), ce qui te place souvent dans des relations de dépendance. Tu as un grand besoin de sécurité (affective, matérielle), qui peut parfois te pousser à nier tes besoins, ton épanouissement, pour satisfaire et favoriser ceux des personnes qui te sont proches. Tu es un(e) grand(e) émotif(ve), mais tu restes discret(ète), préférant garder pour toi tes états d'âme.

VIE PROFESSIONNELLE : Sur le plan du travail, c'est assez ambivalent : il est difficile de te motiver pour te mettre en action ; en revanche, une fois lancé(e), on ne peut plus t'arrêter.

On te demande de ne pas trop faire confiance aux autres dans le domaine professionnel et d'aller vers une indépendance d'organisation et une autonomie de travail.

CÔTÉ CŒUR : Si le Koala se présente à toi dans un tirage sur le plan sentimental, c'est pour t'aider à prendre conscience que tu es dans une situation de dépendance affective. Cette relation est nocive pour toi. Tu peux avoir l'impression d'être amoureux(se), mais en réalité, il s'agit bien de dépendance. Ton/ta partenaire a pris le contrôle sur toi et il/elle te mène par le bout du nez. Tu supportes tout (violence verbale, psychique, et parfois même violence physique), parce qu'une part de toi est convaincue que tu ne mérites pas autre chose. Il est temps que tu prennes soin de ton cœur et que tu réalises que cette relation est nocive pour toi. Analyse les motivations qui te poussent à rester : serait-ce la peur d'être seul(e) ? Un manque de confiance en toi ?

Tes guides veulent que tu saches que c'est le moment de retrouver ta liberté : la liberté d'être toi-même. Et pour cela, tu es invité(e) à entamer un travail de libération émotionnelle. En entrant dans ce processus, tu te détacheras du regard de l'autre et tu pourras t'apporter tout l'amour et la bienveillance dont tu as besoin.

Tu dois comprendre qu'en augmentant ton taux vibratoire, tu parviendras à sortir de ces schémas négatifs et tu t'ouvriras à la possibilité de rencontrer des personnes lumineuses, dotées la même beauté d'âme que toi.

SPIRITUALITÉ : Pour retrouver le lien avec ta spiritualité, il faut que tu te libères de la dépendance. Pour cela, un travail de réflexion doit être mis en place pour comprendre pourquoi tu es dans des comportements addictifs : qu'y trouves-tu de positif ? Est-ce que cela te permet de ne plus avoir mal ? De ressentir un sentiment de paix ? De contrôle ? Quand tu auras trouvé, pose-toi alors la question : « D'où vient la douleur qui me pousse à la dépendance ? » En mettant le doigt sur les blessures émotionnelles qui t'ont amené(e) à des comportements nocifs, voire destructeurs, tu pourras envisager d'autres solutions pour gérer et libérer ces mémoires bloquantes, et ainsi retrouver la voie de ton épanouissement personnel et spirituel.

MÉTÉO ÉNERGÉTIQUE : Cette carte te met en garde contre les habitudes de vie nocives. Cela peut être une dépendance à la cigarette, à l'alcool, au sport, aux jeux vidéo, des troubles alimentaires... On t'invite à comprendre que, à l'excès, ces comportements nuisent à tes énergies, à ton corps et à ton équilibre. Plus ton taux vibratoire sera bas, plus tu risques de ressentir des troubles physiques (sommeil perturbé, carences, douleurs...). Alors libère-toi de ces mauvaises habitudes et prends soin de toi, tu retrouveras ainsi un équilibre énergétique et une meilleure santé. Des pierres comme l'améthyste, la kunzite ou encore la lépidolite peuvent t'aider dans ce processus.

Le Lapin

FERTILITÉ, NAISSANCE

« Je me connecte à ma force créatrice et je donne vie à tous mes projets, à toutes mes envies, à tous mes rêves. »

PERSONNALITÉ : Tu es une personne intelligente et créative. Il est possible que tu aies en toi une grande anxiété, que tu aies du mal à gérer tes émotions, tes peurs. Tu peux d'ailleurs te montrer timide et craintif(ve), mais tu n'en restes pas moins une personne spontanée et douce. Tu agis la plupart du temps de manière rapide et complètement imprévisible.

VIE PROFESSIONNELLE : Ta vie professionnelle pourrait connaître un nouvel élan. La carte du Lapin t'invite à donner vie à tes projets. Si tu as une idée, propose-la à tes collaborateurs, une envie soudaine de changement de direction, alors vas-y. Et si tu souhaites créer ton entreprise, alors cette carte t'encourage à suivre cette voie. Fonce ! Fais-toi confiance. La réussite et l'abondance seront au rendez-vous, à condition de travailler dur pour y parvenir. Cette carte annonce vraiment l'aboutissement d'un projet, d'une idée après une période de réflexion : c'est le moment de te lancer.

Si tu es dans un travail que tu aimes et que tu ne comptes pas changer de direction, le Lapin évoque l'idée de « multiplication » : tu prends en charge plus de projets, tu gagnes plus d'argent... Quoi qu'il en soit, c'est une carte très positive.

CÔTÉ CŒUR : Si ta question concerne une grossesse à venir, cette carte t'annonce que ton souhait va bientôt être exaucé : la famille va s'agrandir et tu vas pouvoir avoir la vie de famille dont tu rêves. Car les enfants ont une place importante dans ta vie et dans ton cœur.

Tu peux aussi t'interroger sur le fait d'être apte à devenir parent. Si c'est le cas, rassure-toi, le Lapin vient te dire que tu es tout à fait prêt(e). Fais-toi simplement confiance.

En revanche, si tu es en couple et que ton/ta partenaire et toi ne désirez pas avoir d'enfant pour le moment, cette carte peut simplement signifier que tu dois faire attention : il pourrait y avoir une grossesse surprise. Sois vigilant(e).

Si tu es célibataire, cette carte annonce une naissance dans ton entourage ; une naissance qui te comblera de bonheur. Il se pourrait même que tu tiennes un rôle particulier et privilégié dans la vie de ce petit être à venir (oncle, tante, parrain, marraine, papi, mamie...).

SPIRITUALITÉ : Créativité et pensée positive sont les deux clés pour une spiritualité épanouie. Souviens-toi que tu es le/la créateur(rice) de ta vie et que tu attires à toi des situations et des personnes qui vibrent au même niveau que tes énergies. Si tu penses et visualises du positif, alors tu attires à toi des expériences et des relations positives. L'inverse est vrai aussi. Alors, connecte-toi à la loi de l'attraction pour créer la vie que tu désires.

Tu possèdes également un goût prononcé pour les arts créatifs. Quel que soit le support, tu peux utiliser ta créativité pour soigner ton âme et celles des autres (art-thérapie, musicothérapie…).

⚡ MÉTÉO ÉNERGÉTIQUE : Si tu te sens coincé(e), que tu as la sensation d'être bloqué(e), de ne pas réussir à avancer, que tu ne sais pas quel chemin suivre, c'est sûrement parce que tu te poses trop de questions. On t'invite à faire preuve de plus de spontanéité. Aller dans des directions inattendues pourrait bien t'apporter de réels changements positifs. Lâche prise. Si tu cherches constamment à tout contrôler, tu vas finir par te sentir complètement épuisé(e).

La Libellule

TRANSFORMATION, MATURITÉ

« J'ai le pouvoir d'évoluer, de me transformer à chaque instant, quels que soient les événements que je traverse. Tout est enseignement. »

PERSONNALITÉ : Déterminé(e) et fin stratège, tu arrives presque toujours à tes fins. Tu as su mettre en place un processus de changement en profondeur et tu t'emploies chaque jour à devenir une meilleure version de toi-même. Telle la libellule, tu es capable de changer facilement et rapidement de direction, parfois même de manière imprévisible.

VIE PROFESSIONNELLE : Tu as un énorme potentiel, mais pour le moment, il est en sommeil. Avec la Libellule, il est temps de t'ouvrir à de nouveaux horizons, de laisser s'exprimer tes idées, même si cela implique de transformer ta façon de travailler. Tes projets sont maintenant arrivés à maturité et ne demandent qu'à éclore. Tu es invité(e) à adopter un point de vue moins conventionnel, à changer ton regard sur les choses pour t'épanouir au travail. Tu peux tout à fait envisager de suivre une formation. Cela te permettra d'approcher ton métier sous un nouvel angle.

Si tu as récemment décidé de changer de voie, sois rassuré(e), tu as fait le bon choix pour entrer dans le renouveau professionnel que tu attends : ce nouveau métier t'apportera une satisfaction totale.

CÔTÉ CŒUR : Dans le domaine sentimental, la Libellule annonce une transformation dans ta relation. Tu as entrepris un long travail sur toi-même et cela t'a permis de grandir, de mûrir. Tu as su te libérer du passé et transformer tes blessures en force. Aujourd'hui, ta relation prend un nouvel envol, elle s'inscrit dans la durée : les sentiments sont profonds et sincères.

Si tu es dans une relation où les choses étaient compliquées, cette carte indique que vous avez réussi à trouver les clés pour vous en sortir : votre histoire se renforce et s'apprête à connaître un second souffle. Les changements qui s'amorcent sont positifs. Garde confiance, tout devrait bien se passer.

SPIRITUALITÉ : As-tu déjà observé toutes les belles couleurs de la libellule ? Comme elle, tu es lumineux(se). Mais pour rayonner pleinement, tu dois travailler sur la gestion de tes émotions. En allant chercher dans tes zones d'ombre les blessures enfouies, en étant dans une meilleure connaissance de toi-même, tu as la possibilité d'entrer dans une véritable énergie de transformation et d'être libre.

Tu as déjà initié une grande transformation au niveau de tes énergies et on te demande de poursuivre sur cette voie. Sois fier(ère) de toi et reconnais tout le chemin parcouru. Célèbre tes réussites et continue comme ça.

Avec une vue perçante et une vision à 360°, la Libellule met en avant tes capacités à voir. Tu peux avoir des flashs, des visions, par rapport à des choses qui se sont déjà passées, dans cette vie ou dans une vie antérieure, ou qui vont bientôt se produire.

MÉTÉO ÉNERGÉTIQUE : Ne prendrais-tu pas un peu trop les choses au sérieux ? La Libellule t'invite à un peu plus de légèreté dans ta vie. En lâchant prise, tu laisses la place à plus de joie.

Cette carte te propose également de te ressourcer près d'un point d'eau : tu peux méditer près d'un ruisseau, au bord de la mer ou de l'océan, en écoutant tomber la pluie ou simplement en prenant un bain.

La Lionne

CONFIANCE EN SOI

« Je suis une personne belle, intelligente, et j'ai de la valeur. Je reconnais toutes mes belles qualités et je m'aime. J'ai confiance en moi. »

PERSONNALITÉ : Tu sais relever les défis de la vie comme personne. Tu es un(e) battant(e) et un(e) combattant(e). Tu fais preuve d'une grande force et d'un grand courage, qui te permettent de surmonter n'importe quelle difficulté.

Comme la lionne, tu as une personnalité affirmée et tu sais déceler les personnes représentant une menace pour toi ou ta tribu sur laquelle tu veilles de près.

Généralement, tu ressens très fortement les émotions, et principalement la colère : tu peux avoir tendance à t'emporter violemment, mais tu arrives facilement à te canaliser. Gare à celui qui te cherche un peu trop. Mais pour ceux que tu aimes, tu es doux(ce) comme un chaton.

VIE PROFESSIONNELLE : Comme la lionne (et par extension le lion), tu es une personne vraiment solaire, charismatique. Tu es lumineux(se), et tu as de la présence, de la prestance :

tu incarnes le pouvoir naturellement. Tu es une figure d'ordre, d'autorité, ce qui te permet d'endosser sans problème les rôles à responsabilités. Tu es un leader né, une main de fer, mais un leader au grand cœur. Tu poursuis tranquillement ta voie et rien ni personne ne peut t'arrêter ou entraver ta progression.

Si tu rencontres quelques petites difficultés, elles viennent très certainement de la jalousie des autres à ton égard. Mais globalement, tu sais remettre les gens à leur place lorsque c'est nécessaire.

Avec la Lionne, tu es dans la pleine réalisation de toi-même.

CÔTÉ CŒUR : Difficile de séparer la lionne de son lion. L'épanouissement sentimental est au rendez-vous. Si tu es en couple, cette carte indique une relation où les énergies sont équilibrées et où vous ne faites qu'un. Dans votre couple, chacun trouve et assume sa juste place. L'harmonie est vraiment au rendez-vous. Monsieur se montre protecteur, fidèle et fort. Madame incarne toutes les énergies féminines, elle est sensible, créative. Votre relation est vraiment un symbole d'unité.

Que ce soit au niveau du couple ou de la famille, cette carte est extrêmement positive et annonce l'abondance.

SPIRITUALITÉ : La Lionne est une carte qui t'invite vraiment à accéder à l'équilibre entre tes énergies masculines et féminines, à développer une juste confiance en toi afin d'être dans une totale réalisation de toi-même.

La voie spirituelle de la Lionne, c'est de s'appartenir soi-même pour pouvoir ensuite entrer dans une énergie de don de soi. C'est en étant pleinement intègre, en lien avec ta propre lumière, ton identité solaire que tu pourras briller, rayonner et partager ta lumière avec les autres.

MÉTÉO ÉNERGÉTIQUE : Des énergies déséquilibrées amèneraient à des comportements excessifs dans un sens comme dans l'autre : soumission (sentiment de peur) ou, au contraire, domination (sentiment de colère). Si tu sens que tu es dans l'un ou l'autre de ces cas de figure, alors tu n'es plus connecté(e) à ta force intérieure. Tu es invité(e) à effectuer un travail d'harmonisation au niveau de tes énergies yin et yang. Tu peux te rapprocher d'un thérapeute en réflexologie plantaire chinoise, par exemple. Un travail sur ton chakra du plexus solaire serait également le bienvenu.

La Loutre

FÉMININ SACRÉ, SÉDUCTION

« Je me connecte à mon féminin sacré. Je prends pleine possession de mon pouvoir féminin. Je m'assume. Je suis libre et épanoui(e). »

PERSONNALITÉ : Tu es une personne qui aime prendre le temps de s'amuser, de profiter des choses simples de la vie, avec ses proches, mais tu tiens aussi particulièrement à ta liberté et tu sais apprécier la solitude. Tu as un peu une âme d'enfant. Tu sais aussi bien être dans le partage que dans l'affirmation de ton indépendance.

Tu as une grande curiosité en toi qui te pousse sans cesse à apprendre de nouvelles choses. Tu as une joie et une bonne humeur contagieuses, qui font que l'on apprécie généralement ta compagnie. Tu sais t'adapter sans pour autant perdre ton identité.

Tu sais que le bonheur se trouve dans l'instant. Tu as accepté ce qui a été, tu acceptes ce qui est et ce qui sera… Tu vis !

VIE PROFESSIONNELLE : Pour entrer dans une énergie de réalisation et d'épanouissement professionnel, on te demande de sortir des attentes et des stéréotypes de la société : il n'y a pas de métiers d'« hommes » ou de métiers de « femmes » ; il n'y a que des possibilités. La Loutre t'invite à te reconnecter à toi-même, à tes envies et besoins profonds, à ton essence, et à te laisser guider par ta sensibilité. Choisis ta voie en fonction de ton cœur. Sois simplement toi-même, autorise-toi à être libre, tu pourras ainsi t'épanouir dans ton travail.

♥ CÔTÉ CŒUR : La Loutre parle de ton couple comme d'un espace sacré, équilibré, plein de tendresse et de respect mutuel ; un espace où chacun à la place d'exprimer son individualité. C'est une carte très positive qui apporte beaucoup d'amour, d'harmonie, et qui parle d'union : l'union du masculin sacré et du féminin sacré.

Si tu es engagé(e) dans une relation, mais que tu rencontres des difficultés avec ton/ta partenaire, cette carte t'invite à exprimer pleinement ton féminin sacré : laisse ta sensibilité et ta douceur se déployer. Renoue avec ta sexualité, tes désirs, et développe ton pouvoir de séduction. On te demande d'être dans l'ici et maintenant.

Si tu as des difficultés à rencontrer quelqu'un, que tu es dans l'attente d'un renouveau sentimental, la Loutre vient te dire que, comme elle, tu dois d'abord apprendre à être dans une énergie d'acceptation : l'acceptation de soi, en premier lieu, mais aussi dans l'acceptation de ce qui est. Même si tu as connu des déceptions ou que tu as été blessé(e), tu dois comprendre que tout est apprentissage, et accueillir chaque expérience avec amour et gratitude. Si une relation se termine, poursuis ton chemin, conscient(e) que le bonheur t'attend ailleurs.

SPIRITUALITÉ : La Loutre possède une grande connexion à la Source. Sa voie spirituelle est de se connecter à son féminin sacré et de l'exprimer pour pouvoir rayonner et illuminer les autres. Cette carte t'invite donc à te libérer des attentes sociétales et à vivre en étant pleinement qui tu es, en pleine possession de ton pouvoir créateur. Laisse s'affirmer ta sensibilité, ton intuition ; développe ta créativité.

Comme la loutre qui est aussi à l'aise sur terre que dans l'eau, cherche cet équilibre entre la liberté (élément terre) et tes émotions profondes (élément eau).

MÉTÉO ÉNERGÉTIQUE : Si cette carte sort dans ton tirage, c'est que tes énergies yin et yang sont déséquilibrées. Il se peut que tu sois plus dans des énergies yang (plus dans l'action) que dans des énergies yin (expression de qui tu es). On te demande alors de te reconnecter à ton énergie féminine (yin). Peut-être rejettes-tu les épreuves difficiles de ton passé ? Si c'est le cas, apprends à les accueillir, à les accepter, car rien n'arrive par hasard. Peut-être te sens-tu en décalage avec le monde dans lequel tu vis, dominé par l'énergie yang ? Alors ta sensation est normale. Mais tu es invité(e) à contrebalancer tout cela en laissant plus de place à tes énergies yin. Peut-être aussi es-tu déconnecté(e) de tes envies profondes ? Si c'est le cas, aligne-toi avec tes envies, tes sensations, tes émotions profondes.

La Louve

LA FAMILLE, LE FOYER

« Je prends le temps de me reconnecter à mon foyer, à ma famille, véritable source de bien-être, d'amour et de partage. »

PERSONNALITÉ : Tu es une personne très intelligente. Comme la louve, tu as un instinct puissant. Ton besoin de liberté est grand, mais il est important pour toi d'avoir des liens sociaux et familiaux très forts. Pour toi, la famille va au-delà des liens du sang : quand tu donnes ton amitié, c'est comme si tu accueillais un nouveau membre dans ton « clan ».

Tu comprends le monde et les gens qui t'entourent de façon assez intuitive, mais tu peux avoir parfois tendance à tomber dans une forme de méfiance, de peur, si ton instinct est mal maîtrisé.

VIE PROFESSIONNELLE : Tu peux avoir cette sensation, au travail, qu'un loup guette, qu'un collègue représente une menace et vient perturber ton équilibre professionnel. Cette carte indique qu'il va falloir instaurer un dialogue, avec cette personne ou ta hiérarchie, et prendre une décision, car si les choses restent en l'état, tu ne pourras pas t'épanouir dans ton travail. C'est particulièrement vrai si tu exerces tes fonctions dans une grande entreprise.

La Louve met en évidence ton besoin de travailler dans une ambiance conviviale et de te sentir libre. Elle te conseille donc de privilégier les petites structures, ou en tout cas, une entreprise où il y a un bon état d'esprit, où le relationnel compte. Tu as besoin de te sentir à l'aise avec tes collaborateurs, comme si tu étais « en famille ». D'ailleurs, si tu as un projet de création d'entreprise (seul(e) ou avec des membres de ta famille), cette carte indique que tu es sur le bon chemin.

❤ CÔTÉ CŒUR : Tu as pu connaître des événements douloureux dans le passé ; événements qui t'ont amené(e) à donner une place très importante à la famille. D'ailleurs, dans ton cas, on pourrait même parler de meute. Vous êtes très soudés les uns aux autres. Tu veilles avec douceur et bienveillance sur les tiens. Mais gare à ceux qui menacent ton cocon familial !

Au niveau du couple, la Louve parle d'intensité, de passion. Si tu es engagé(e) dans une relation, les sentiments sont profonds. Ton/ta partenaire et toi formez un couple fort, où les rapports sont équilibrés et vous savez garder du temps rien que pour vous deux.

Cette carte favorise vraiment la famille : déplacements pour rendre visite à des parents, agrandissement de la famille… La Louve est vraiment de bon augure.

En cas de difficultés au sein de la relation, cette carte t'invite à exprimer tes désirs profonds afin de préserver ton besoin de liberté : la Louve n'aime pas se sentir enfermée. Si tu doutes de ta relation ou de ton/ta partenaire, l'instinct de la Louve te met en garde : n'y aurait-il pas une personne qui cherche à perturber votre équilibre familial ?

SPIRITUALITÉ : Pour être dans une meilleure compréhension des autres et du monde, pour te relier à ta perception instinctive et à ta forte intuition, la Louve t'incite à procéder à un nettoyage de ta psyché. Cela te permettra d'équilibrer ton instinct, parfois excessif, qui peut te faire tomber dans des peurs injustifiées. Ce faisant, tu libères ta capacité à te connecter aux mémoires akashiques, aux mémoires karmiques, et tu te libères de tes croyances erronées qui créent des blocages dans ton quotidien.

MÉTÉO ÉNERGÉTIQUE : En tant qu'animal instinctif et intuitif, la Louve vient te parler d'un déséquilibre au niveau de ton chakra du troisième œil. Il se peut que tu sois déconnecté(e) de ton intuition et de tes capacités extrasensorielles. Tu es trop dans le « rationnel », dans le mental, dans le matériel. La méditation, le yoga, ou encore un soin énergétique peuvent t'aider à rééquilibrer les énergies de ce chakra.

En tant que symbole de l'amour maternel, cette carte peut également révéler une blessure en lien avec la « mère » : cela peut remonter à l'enfance ou bien être une mémoire transgénérationnelle de la lignée maternelle. On te conseille un soin énergétique pour retrouver un mieux-être.

Le Lynx

VÉRITÉ, DISCERNEMENT, CHOIX

« En regardant le problème sous tous les angles, j'accède à la vérité. Je prends en compte tous ses aspects et cela me permet de comprendre ce qui se joue. En faisant preuve de discernement, je fais les bons choix. »

PERSONNALITÉ : Le lynx est très discret, et très secret. Il installe et dissipe le brouillard à sa convenance. Tu es donc le/la parfait(e) confident(e). Tu as également une excellente perception des choses, ce qui fait que, généralement, on a du mal à te cacher quoi que ce soit. Tu sais trouver la vérité, même lorsqu'elle est cachée, et prendre le recul nécessaire pour faire preuve de discernement : rien n'échappe à ton œil de lynx.

VIE PROFESSIONNELLE : Dans un tirage sur le domaine professionnel, le Lynx te demande de faire un choix.

Si tu rencontres des difficultés dans ton travail, tu es invité(e) à te connecter aux énergies du Lynx et à faire preuve de clairvoyance. Tes collaborateurs ne sont peut-être pas si bienveillants qu'ils ne paraissent. On te conseille de te défaire des liens ou des situations qui sont toxiques pour toi, mais cela ne sera possible qu'en cherchant la vérité, et en faisant preuve de discernement.

Si tu es à la recherche d'un emploi, on te demande de bien étudier les propositions qui te sont faites. Il se pourrait que tu sois face à des opportunités qui n'en sont pas vraiment ; on pourrait te faire miroiter des choses, te faire de fausses promesses. Sois vigilant(e) et prends le temps d'analyser les possibilités qui s'offrent à toi dans leur ensemble : en ayant tous les paramètres, tu pourras faire des choix avisés.

CÔTÉ CŒUR : Le Lynx te demande de regarder au-delà des apparences pour comprendre les intentions réelles d'une personne de ton entourage. Cette carte indique qu'il y a quelque chose que tu ignores et qu'il vaudrait mieux que tu saches. Tu devrais apprendre une vérité dans les jours qui viennent, et cette révélation va te permettre de faire un choix.

Si tu es en couple et que tu traverses une période de doute, que tu te sens démuni(e), essaie d'analyser les choses en profondeur. La situation te convient-elle vraiment ? Ton/ta partenaire est-il/elle complètement honnête avec toi ? Si la réponse est non, alors il est temps de faire les ajustements nécessaires afin que tu puisses t'épanouir et connaître un renouveau sentimental.

Si tu viens de rencontrer quelqu'un, que tu sois célibataire ou en couple, on t'invite à rester sur tes gardes : cette personne est-elle sincère ou cherche-t-elle à perturber ton équilibre ?

Enfin, si tu es célibataire, le Lynx te demande d'être plus sélectif(ve) dans le choix de tes partenaires, car tu as tendance à te rapprocher de personnes qui ne sont pas bien intentionnées à ton égard.

SPIRITUALITÉ : La carte du Lynx indique que tu possèdes le don de clairvoyance. Peut-être es-tu un(e) médium qui s'ignore, ou peut-être as-tu déjà commencé à développer tes capacités ? Quoi qu'il en soit, tu es capable de voir ce qui est dissimulé, que ce soit l'âme des gens ou l'âme des défunts, le monde visible ou l'invisible. Tes capacités extrasensorielles ne demandent qu'à être développées.

MÉTÉO ÉNERGÉTIQUE : C'est comme si tu étais dans une sorte de brouillard énergétique et que tu n'arrivais plus à distinguer le vrai du faux. Le Lynx te demande de te libérer des énergies lourdes qui t'empêchent d'accéder à la vérité, en prenant le temps d'observer et d'analyser les choses sous tous les angles.

La Mésange

SPONTANÉITÉ, LÂCHER-PRISE

« En cessant de me tracasser pour des choses qui ne dépendent pas de ma volonté, j'entre dans une énergie de lâcher-prise et je me reconnecte ainsi à l'instant présent. »

PERSONNALITÉ : La Mésange est un oiseau qui incarne la simplicité. Comme elle, tu es une personne sociable, chaleureuse et spontanée. Cela fait de toi un être apprécié, qui a la réputation d'être facile à vivre et d'avoir une « bonne influence » sur les personnes qui l'entourent. Tu aimes les choses simples de la vie et tu sais te contenter de peu sur le plan matériel. Tu sauras transformer n'importe quel endroit en véritable petit nid douillet pour ta famille.

Tu n'es pas du genre à te laisser intimider ou à te laisser faire, même si ton adversaire paraît plus imposant que toi.

VIE PROFESSIONNELLE : Cette carte parle d'adaptabilité. On te demande de communiquer clairement (en faisant toutefois preuve de diplomatie), et de t'ouvrir à la nouveauté : nouveaux projets, nouvelles idées, nouvelles collaborations. L'heure n'est pas à te renfermer sur toi-même, mais au contraire, à t'ouvrir aux autres, à élargir ton cercle professionnel, et à ne pas rester dans une façon de faire rigide (tu peux avoir tendance à vouloir et à faire en sorte que tout soit toujours sous contrôle). Mets du « peps », de la fraîcheur dans ta vie professionnelle, sois plus léger(ère), lâche prise, ouvre-toi à de nouvelles façons de travailler.

La Mésange est également une excellente alliée pour tout ce qui concerne les études, les examens, les présentations orales... Ainsi, si tu as un entretien d'embauche à passer, un test, un examen, un diplôme..., sois confiant(e) et serein(e). De belles énergies t'accompagnent. Sois simplement toi-même. Aie confiance en ton potentiel, crois en toi !

♥ CÔTÉ CŒUR : Si tu es en couple, cette carte est un présage de bonheur conjugal et de fidélité. Ton/ta partenaire et toi vous êtes bien trouvés ; vous êtes inséparables. La Mésange est un excellent augure pour les mariages et les projets d'agrandissement de la famille.

Si tu rencontres des difficultés dans ta relation actuelle, demande-toi si ça ne pourrait pas être lié au fait que tu cherches à tout contrôler. Être dans l'anticipation et le contrôle permet de se rassurer, mais cela crée également beaucoup d'angoisses et de tensions. Alors arrête de cogiter et laisse-toi porter : tout va bien, tu es en sécurité. Profite !

Célibataire ? La Mésange t'invite à la spontanéité. On te dit bien que plus tu chercheras à forcer les choses, plus cela risque de créer des retards et des blocages. Alors, pour accueillir le renouveau sentimental que tu mérites, lâche prise. Accepte de perdre le contrôle et laisse-toi porter par les événements. La vie te réserve plein de jolies surprises, mais pour les recevoir, tu dois laisser place à la spontanéité.

SPIRITUALITÉ : La Mésange est associée au chiffre sept, et donc aux sept chakras. Dans un tirage, cette carte est là pour t'indiquer que si tu souhaites accéder à la vérité, et surtout l'exprimer, tu as besoin de maintenir l'équilibre au niveau de tes centres énergétiques. Ton chemin spirituel est lié à l'expression de la vérité : celle qui soigne, qui permet de retrouver l'équilibre et d'ouvrir les perceptions ; une vérité qui apporte plus de légèreté, de spontanéité et de joie.

MÉTÉO ÉNERGÉTIQUE : Lâcher prise ne signifie pas « abandonner », c'est simplement accepter que l'on ne peut pas tout contrôler et que tout ne dépend pas de soi. En acceptant de lâcher prise, tu te défais de l'énergie de contrôle et du sentiment d'angoisse qui lui est lié pour entrer dans des énergies plus douces : tu profites de chaque instant, tu vis.

L'Ours

RETRAIT, SOLITUDE

« La solitude est un chemin vers soi. Je prends le temps de me retrouver seul(e) avec moi-même afin de redéfinir les limites de mon espace personnel. »

PERSONNALITÉ : À l'image de l'ours, tu mènes une vie solitaire. C'est dans les moments où tu te retrouves seul(e) face à toi-même que tu trouves ton équilibre.

Tu ne fuis jamais face à l'adversité, et tout le monde t'admire pour cette force morale incroyable dont tu fais preuve face aux événements de la vie. Tu as l'esprit d'un leader, les gens peuvent te craindre, mais ils te font confiance et te suivent facilement. Tu es charismatique et audacieux(se).

VIE PROFESSIONNELLE : Cette carte parle d'une vie professionnelle semée d'embûches. Mais comme rien n'est placé sur ton chemin par hasard, l'Ours t'annonce qu'il est important pour toi de prendre du recul : ne prends pas de décisions hâtives. Tu as en toi la force de surmonter l'adversité. Alors fais une pause et respire un grand coup : le chemin est peut-être tortueux, mais il peut te mener à la réussite si tu gardes un degré d'implication constant et que tu ne baisses pas les bras.

Si dans ton emploi actuel des choses ne te semblent pas justes, la carte de l'Ours t'encourage à te battre pour défendre tes valeurs et tes convictions.

♥ CÔTÉ CŒUR : L'Ours indique que tu as besoin de te retrouver seul(e) avec toi-même pour panser tes blessures. Cette carte parle de ton besoin de solitude, de « calme après la tempête ». C'est comme si tu avais livré bataille pendant trop longtemps sur le plan sentimental et qu'il était temps pour toi de te mettre en retrait. Tu as fait preuve de force et de courage en affrontant les tempêtes de la vie. On te demande de prendre un temps pour toi, pour guérir : prends soin de toi, écoute tes besoins de guérison émotionnelle. Sois sensible à ton état émotionnel et fais de toi ta priorité.

Tu as pu connaître des relations très compliquées, tomber sur des pervers narcissiques, des personnes manipulatrices. Tu es invité(e) à redéfinir ton espace personnel et ton cadre de référence, afin d'oser t'affirmer pleinement et de ne plus te laisser « abuser » dans tes relations futures. Ce temps de recentrage sur toi-même est nécessaire. Il va te permettre d'apprendre à te reconnecter à ta force intérieure et à comprendre pourquoi tu t'es inscrit(e) dans un système de répétition de schémas négatifs. Cette remise en question profonde est incontournable pour pouvoir accéder à un renouveau dans le domaine sentimental.

SPIRITUALITÉ : L'Ours est souvent associé aux capacités de guérison (physique, émotionnelle, énergétique, psychique ou spirituelle) et aux chamanes. Cette carte t'enjoint donc à mettre tes capacités au service des autres, pour les mener vers la guérison, leur enseigner comment traverser les périodes difficiles.

MÉTÉO ÉNERGÉTIQUE : Dans un tirage énergétique, cette carte met en avant un besoin de redéfinir ton espace personnel. Tu as besoin d'isolement, de calme et de repos. On te conseille de te connecter à l'énergie de la Terre en travaillant sur ton ancrage. Prends le temps de te retrouver seul(e) avec toi-même et de méditer. Pendant ce « temps », porte ta conscience au niveau de tes pieds et visualise des racines qui en partent pour s'enfoncer profondément dans la Terre, jusqu'en son centre, et laisse-toi envahir par l'énergie de la Terre Mère.

Le Panda

FORCE TRANQUILLE,
DÉTERMINATION

« La force n'est pas qu'une capacité physique. Par ma volonté et ma détermination, j'ai le pouvoir de réaliser tous mes projets. »

PERSONNALITÉ : Tu es d'une douceur incroyable, mais tu sais aussi définir clairement les limites de ta vie privée, que tu protèges des influences du monde extérieur.

Avec le Panda, il y a de grandes chances que tu ressentes les émotions de façon intense. Tu as besoin d'une certaine stabilité matérielle pour te sentir en sécurité, mais attention à ne pas tomber dans l'excès. Tu aimes l'équilibre et la paix, et ta quête d'harmonie te pousse à intégrer tous les aspects de ta personnalité, tes qualités comme tes défauts, pour former un « tout » homogène.

Tu possèdes une grande détermination et tu sais faire preuve de patience : tu prends ton temps pour atteindre tes objectifs.

VIE PROFESSIONNELLE : Ton besoin de confort matériel t'amène à mettre en place de nouveaux projets professionnels. Cependant, veille à rester dans une certaine mesure : apprends aussi à te satisfaire de ce que tu possèdes déjà.

La carte du Panda indique que tu es doté(e) de toute la force morale et de toute la détermination qu'il faut pour donner vie à tes projets, même les plus fous. Tu possèdes le courage et la constance nécessaires pour réussir. Tu sais allier fermeté et douceur en toutes circonstances, et faire preuve de patience, bien conscient(e) qu'un projet bien préparé vaut mieux qu'une décision prise sur un coup de tête.

Si tu rencontres des complications dans ton travail, peut-être est-ce parce qu'il y a un déséquilibre entre ce que tu donnes et ce que tu reçois ? Tu es invité(e) à te reconnecter à ton cœur et à trouver comment exercer tes fonctions pour être dans un épanouissement professionnel total.

CÔTÉ CŒUR : Le Panda vient te parler de l'importance de préserver ton espace privé et de poser tes limites personnelles. On te demande de protéger ta relation des regards et du monde extérieur.

Le calme, la paix et la douceur règnent dans ton couple. Ta relation t'apporte beaucoup de satisfactions.

S'il y a des conflits, ce que tu n'aimes pas trop, en grand(e) pacifiste, cette carte indique qu'ils vont se résoudre de façon calme et harmonieuse.

Et si tu es célibataire, le Panda t'invite à comprendre qu'il est fondamental que tu apprennes à te sentir bien avec toi-même avant de pouvoir te sentir à l'aise dans tes relations avec les autres.

SPIRITUALITÉ : La force tranquille du Panda repose sur l'équilibre entre énergie yin et énergie yang. Cette carte insiste sur l'importance de bien gérer l'émotionnel tout en cultivant ta sensibilité.

Le chemin spirituel du Panda est de sortir du matériel, où tu peux te réfugier de manière excessive : on t'invite à comprendre que la sécurité ne s'acquière pas uniquement par l'accumulation de biens matériels. La reconnexion à ta spiritualité, à ton chakra du troisième œil et à ton chakra couronne t'aidera sur cette voie.

MÉTÉO ÉNERGÉTIQUE : Tes émotions peuvent parfois te submerger. Mal gérées, celles-ci peuvent te donner l'impression d'être dans un grand huit, et tu peux facilement te laisser emporter par le stress, la peur ou la tristesse. Cette carte te conseille de travailler à une meilleure gestion émotionnelle. Un rééquilibrage de ton chakra du cœur et de ton chakra sacré pourra t'aider dans ce sens.

La Panthère

PROTECTION

« Je suis en sécurité : mes guides et mes défunts me protègent en toutes circonstances. Ainsi, je peux traverser n'importe quelle épreuve. L'Univers veille sur moi. »

PERSONNALITÉ : La panthère est un animal noble. Cette carte met en avant ton besoin d'indépendance : tu n'as pas de maître. Tu es un(e) solitaire qui côtoie d'autres solitaires. Toutefois, tu te laisses facilement approcher et « apprivoiser ». Doté(e) d'une grande force intérieure et de beaucoup de courage, tu ne laisses jamais vraiment transparaître ta véritable personnalité, préférant cultiver une part de mystère. Comme la panthère, tu es agile et tu sais faire preuve de souplesse. En grand(e) protecteur(rice), tu veilles sur les tiens, guettant les menaces alentour. Et gare à celui qui oserait s'en prendre à tes proches : tu pourrais te montrer particulièrement dangereux(se).

VIE PROFESSIONNELLE : Des changements importants se profilent dans ton avenir professionnel. On te demande de les aborder avec confiance et optimisme.

Tes guides te soutiennent et te protègent dans tes projets, car ils savent que tous ces changements qui s'amorcent sont bénéfiques pour toi et vont te permettre d'être pleinement connecté(e) à ta mission de vie. Alors ne crains pas de sortir de ta zone de confort, car c'est en dehors de cette zone que s'opère la magie.

CÔTÉ CŒUR : Dans le domaine sentimental, tu es également sous la protection de tes guides et de tes anges. Par cette carte, tes guides t'indiquent que de très belles synchronicités se mettent en place pour toi : tout ce dont tu as besoin arrive.

Si tu es dans une relation actuellement, les choses se placent bien, les liens se renforcent et les projets se concrétisent.

Si tu es célibataire, la rencontre que tu espères arrivera de façon totalement inattendue. On te demande simplement de te laisser porter par les événements et de profiter de cette période de plénitude.

SPIRITUALITÉ : Tes guides spirituels veillent sur toi et te protègent. Ta connexion avec eux est particulièrement forte et développée. Tu reçois de leur part beaucoup de messages et de signes en tout genre (plumes, rêves, paroles de chansons…), te prouvant que tu es sur le bon chemin, ou en réponse à tes questions. Tu es sous la protection d'un gardien puissant.

Même si ceux-ci sont déjà bien ouverts, tu peux travailler sur ton chakra couronne et ton chakra du troisième œil. Cela te permettra d'avoir une plus grande ouverture spirituelle, et d'améliorer la connexion avec tes guides, avec le plan astral.

Aussi assimilée à la lune noire, la Panthère t'invite à entreprendre un cheminement pour rencontrer tes blessures karmiques, afin de les transmuter et de t'épanouir pleinement dans cette incarnation. En ce sens, l'astrologie peut t'apporter des clés et des pistes.

MÉTÉO ÉNERGÉTIQUE : La seule chose qui puisse perturber tes énergies est le sentiment de peur. Cette carte est là pour t'aider à éradiquer ce sentiment, car il fait baisser ton taux vibratoire. Alors, sois rassuré(e) : tu es sous la protection de tes guides, tu n'as aucune raison d'alimenter ces peurs en toi. En te libérant de ces énergies néfastes, tu t'ouvres à l'abondance.

Le Papillon

RÉSILIENCE

« Pour passer de l'autre côté de la rivière, il faut la traverser. Je fais face à l'adversité. Je transforme la douleur en force et je sors grandi(e) de chaque épreuve. Je suis l'architecte de ma vie et de mon bonheur. »

PERSONNALITÉ : Quel courage et quelle patience il faut à la chenille pour se transformer en papillon ! C'est avec grâce et légèreté que tu fais face aux épreuves de la vie. Tu es l'exemple même de la transformation interne. Tu as su sublimer les moments douloureux pour en faire une force te permettant d'avancer. Tu sais prendre les choses avec recul. Tu es une personne joyeuse, lumineuse, qui sait apporter de la légèreté. Tu es invité(e) à oser montrer la belle personne que tu es, comme le papillon montre ses belles couleurs au monde.

VIE PROFESSIONNELLE : Avec le Papillon, tu entres dans une période d'expansion et de croissance, mais aussi de « transformation » sur le plan professionnel. On t'invite à accueillir ces changements en faisant preuve d'ouverture d'esprit. Le renouveau s'annonce plein de belles surprises pour toi. Si tu as connu des périodes compliquées dans le travail, tu peux être fier(ère) d'avoir tenu le cap et d'en être sorti(e) la tête haute.

Si tu as un projet particulier en tête, le Papillon te conseille de suivre les étapes de sa transformation : l'œuf (gestation du projet, mise en forme des idées), la chenille (début de concrétisation, le projet prend de l'ampleur progressivement, il continue de mûrir), la chrysalide (moment de franchir le pas, en fermant les portes de ce qui n'est plus utile) et enfin le papillon (éclosion, pleine réalisation du projet : la page est tournée sur le passé, place à l'avenir !).

❤ CÔTÉ CŒUR : Ton âme et ton cœur ont connu bien des épreuves. Tu as démontré ton courage et ta résilience. Tu as su faire de chaque expérience douloureuse un apprentissage qui t'a permis de grandir et de révéler ta force intérieure et ta lumière. Le processus a été long et parfois chaotique, tes guides le savent bien et ils veulent que tu sois fier(ère) de toi. À partir de maintenant, tout se place de façon très rapide pour que tu connaisses enfin l'épanouissement sentimental que tu mérites tant. Il se peut que tu te sentes déstabilisé(e) par la rapidité des événements, mais n'aies crainte : il est l'heure pour toi de goûter au nectar de la vie. Tu vas enfin rencontrer une personne avec qui construire une relation solide. Vous aurez tou(te)s les deux la même envie d'engagement et de partage. Laisse-toi simplement porter par le vent.

Si tu es déjà engagé(e) dans une relation et que tu attends que les choses changent, sache que tout va se mettre en place, mais pas forcément comme tu pourrais t'y attendre. Garde à l'esprit que tout arrive pour le meilleur. Alors, garde confiance. Tes demandes ont été entendues, et tes efforts reconnus.

SPIRITUALITÉ : Le Papillon représente le monde de l'âme. Cette carte t'encourage donc à sortir du mental, du « terre à terre », pour renouer avec ton âme.

Tu sais que l'âme est immortelle. Tu sais qu'elle choisit de s'incarner par amour, et dans une envie d'apprendre, de devenir meilleur(e). Tu es invité(e) à accepter ce cycle de mutations ; un cycle nécessaire pour guérir, grandir et s'élever, dans cette incarnation, mais pas seulement. Tu peux te tourner vers l'astrologie pour une étude de l'axe des nœuds lunaires de ton thème natal. Cela t'aidera à en savoir davantage sur ta voie d'évolution.

MÉTÉO ÉNERGÉTIQUE : Si tu es dans la résistance face aux difficultés, alors tu nourris les énergies négatives. Ton taux vibratoire s'en trouve affecté et tu peux te sentir fatigué(e), profondément triste, voire déprimé(e). Pour rétablir l'équilibre dans tes énergies et vibrer sur des fréquences hautes, on te conseille d'être dans l'acceptation. Tu ne peux pas changer ce qui a été, mais tu peux choisir d'en faire une force pour avancer. Ne vois pas tes expériences passées comme des échecs, mais comme des apprentissages qui te permettent aujourd'hui d'être dans une énergie de réalisation de soi.

Le Paresseux

RALENTISSEMENT, RETARDS

*« Si je rencontre des blocages,
c'est que je me précipite.
Je prends le temps de faire
les choses à mon rythme
et en douceur, en respectant
bien les étapes. »*

PERSONNALITÉ : À l'image du paresseux, tu aimes prendre ton temps pour faire les choses. Pour certains, tu en prends même parfois un peu trop. En réalité, tu vas simplement à ton rythme. Tu peux aussi te montrer maladroit(e). Tu sais apprécier les moments où tu es seul(e) avec toi-même. Ta façon de voir les choses de la vie est assez originale. On pourrait même dire que tu es un(e) visionnaire.

Tu es une personne généreuse et protectrice envers ceux qu'elle aime. En société, tu es plutôt discret(ète), maîtrisant à la perfection l'art du camouflage.

VIE PROFESSIONNELLE : On te demande de ralentir. Peut-être que ces derniers temps tout va très vite, trop vite, et que tu as la sensation de perdre pied. Si c'est le cas, le Paresseux t'invite à prendre le temps de faire les choses, à revenir à un rythme qui te correspond mieux.

Si tu as un projet de création d'entreprise, cette carte t'indique qu'il faut que tu prennes le temps d'effectuer les démarches nécessaires. Ton projet aboutira, mais il va falloir faire les choses dans l'ordre, calmement. Car, si tu décides de tout précipiter, tu risques de rencontrer des blocages, des retards. D'ailleurs, peut-être en rencontres-tu déjà ? Ils sont là pour te faire comprendre que tout va beaucoup trop vite et qu'il faut que tu lèves le pied. Fais les choses dans l'ordre. Respire un grand coup et ralentis la cadence ; les choses deviendront alors plus faciles à gérer.

♥ CÔTÉ CŒUR : N'aurais-tu pas tendance à vouloir mettre la charrue avant les bœufs ? Si cette carte sort dans un tirage sur le domaine sentimental, c'est pour t'avertir que les retards que tu rencontres sont en fait le signe que tu essaies de « forcer » les choses.

Si tu viens de rencontrer quelqu'un, on te conseille de prendre le temps de bien apprendre à connaître cette personne : ne te lance pas à corps perdu dans une nouvelle relation sans réellement savoir à qui tu as affaire. Laissez-vous du temps. Peut-être que l'un de vous deux a besoin de guérir d'une relation passée ? Peut-être que la personne qui fait vibrer ton cœur n'est pas encore prête ?... Il est primordial de ne pas te précipiter, de prendre le temps, voire de t'adapter au rythme de l'autre. Si tu cherches à faire les choses trop vite, tu risques de lui faire peur, et il y a de grandes chances qu'il/elle prenne la fuite. Cela vaut le coup d'attendre. Garde à l'esprit que retards et ralentissements ne signifient pas que c'est impossible !

Si tu es en couple et que les choses n'avancent pas comme tu le souhaiterais, c'est peut-être que tout n'est pas encore en place pour qu'elles arrivent : il peut y avoir des retards liés à un blocage matériel, ou financier... Ton/ta partenaire n'est peut-être tout simplement pas prêt(e) à... [emménager avec toi, avoir un enfant...]. Ça ne veut pas dire qu'il/elle ne le sera jamais. Cela signifie simplement qu'il faut vous laisser du temps.

SPIRITUALITÉ : La carte du Paresseux t'invite à te connecter à ton intuition. Tu possèdes des capacités de clairvoyance : tu peux avoir des visions, même si tu ne sais pas toujours comment les interpréter. Tu as cette faculté de voir des choses qui ne se sont pas encore passées. Le Paresseux t'accompagne dans le développement de ce don.

MÉTÉO ÉNERGÉTIQUE : La carte du Paresseux indique que s'il y a des perturbations au niveau de tes énergies (si tu ressens de la fatigue, un ralentissement du transit...), celles-ci peuvent être liées à un déséquilibre alimentaire. On te demande de changer tes habitudes et de varier ton alimentation. Prendre soin de ton corps et de tes énergies, c'est aussi réintroduire des habitudes de vie, une hygiène, plus saines.

La Raie manta

HUMILITÉ

« En ayant une vision claire de moi-même, en acceptant autant mes qualités que mes défauts, je me détache de l'énergie de jugement et du sentiment d'orgueil. Je fais preuve d'humilité. »

PERSONNALITÉ : Comme la Raie manta, tu sais résister à la pression : quoi qu'il advienne, tu continues de naviguer sur les flots de la vie, manœuvrant avec souplesse et grâce. Et même si les gens autour de toi t'admirent, tu sais rester humble. Tu n'as pas l'habitude de rester sans rien faire ; tu vas de l'avant, mais tu ne fonces pas tête baissée. Tu sais faire preuve de prudence et de discrétion. Tu incarnes l'élégance et l'amour. Tu es une personne sensible, mais attention toutefois à ne pas tomber dans une forme d'hypersensibilité.

VIE PROFESSIONNELLE : La carte de la Raie manta est une alerte : ne manquerais-tu pas un peu d'humilité ? Tu dois comprendre que tu ne peux pas tout savoir ni toujours foncer tête baissée. Une remise en question est de rigueur.

Si tu rencontres des problèmes dans ton travail, viennent-ils vraiment toujours des autres ? Accepter tes difficultés et demander de l'aide, t'ouvrir à tes collègues pour apprendre d'eux n'est pas faire preuve de faiblesse. C'est reconnaître qu'eux aussi ont des connaissances et des savoir-faire. Et c'est un premier pas vers l'acceptation de soi. Ne cherches-tu pas à tout faire, à tout gérer par orgueil, au risque d'avoir des attitudes ou des propos blessants ? Ne serait-ce pas là le signe d'un manque de confiance en toi ?

Dans cette carte, il n'y a aucun jugement de valeur. Elle est simplement un conseil bienveillant pour te permettre d'entrer dans une énergie de changements positifs et durables. En étant dans l'acceptation de toi-même, en étant honnête avec toi-même, en faisant face à qui tu es, à ce que tu vis, tu grandis et fais preuve d'humilité. Les autres ne sont plus des concurrents, mais des partenaires de travail sur lesquels t'appuyer, avec lesquels apprendre.

♥ CÔTÉ CŒUR : La Raie manta t'invite à la prise de conscience : ne serais-tu pas un peu trop centré(e) sur tes propres besoins ? Faire preuve d'humilité au sein du couple permet d'être plus à l'écoute de son/sa partenaire. Et qui dit meilleure écoute, dit aussi meilleure communication et donc résolution des conflits à deux, main dans la main.

Faire preuve d'humilité n'est pas chose facile. On te demande de prendre en compte tes besoins, certes, mais aussi ceux de ton/ta partenaire. Ce n'est pas forcément quelque chose de naturel, cela s'apprend, mais dans ta relation, tes guides veulent que tu comprennes que c'est primordial. Cela te permettra également d'entrer dans une énergie de pardon. Ce n'est en rien un signe de faiblesse. C'est simplement se détacher de soi-même pour aller vers l'autre. C'est comprendre que tu ne détiens pas forcément toutes les clés, toutes les réponses, toutes les vérités. C'est prendre conscience de tes forces, mais aussi de tes failles pour t'ouvrir à ce que tu ne connais pas.

SPIRITUALITÉ : Comme la Raie manta, tu possèdes en toi la lumière de guérison, une lumière bleue dans ton aura, que tu diffuses sur l'ensemble des êtres vivants. Ta mission de vie est de répandre la guérison et l'amour. Tu peux ressentir tes capacités, ou tes émotions, de façon plus intense au moment de la pleine lune. Mais pour accéder pleinement à tes dons de guérisseur(se), tu dois avant tout élever ton taux vibratoire en te connectant à l'énergie d'humilité. Pour cela, on te demande de travailler sur l'acceptation : l'acceptation de qui tu es, dans tes défauts et dans tes qualités ; cela te permettra d'être plus authentique et de ne plus percevoir les autres comme une menace, mais comme des personnes avec qui être dans l'échange.

MÉTÉO ÉNERGÉTIQUE : Si déséquilibre dans tes énergies il y a, c'est peut-être que ton taux vibratoire est en baisse. Peut-être te laisses-tu (inconsciemment bien sûr) polluer par des énergies négatives ? Si c'est le cas, tu es invité(e) à pratiquer des rituels de protection : tu peux visualiser une bulle de lumière, un bouclier, qui t'entoure et fait barrière à tout ce qui est néfaste pour toi. Tu peux également utiliser des pierres de protection (par exemple la tourmaline noire, la citrine, l'œil-de-tigre ou la labradorite) à porter directement sur toi, ou à placer dans ta maison.

Le Raton laveur

ALTRUISME, GÉNÉROSITÉ,
DON DE SOI

« Plus je donne et plus je reçois : en donnant à l'autre, je m'enrichis. En étant véritablement désintéressé(e), je me nourris intérieurement, spirituellement. Bienveillance et générosité reviennent toujours à celui qui a donné. »

PERSONNALITÉ : Comme le Raton laveur, tu es une sorte de « Robin des Bois », défenseur des opprimés, de tous les êtres dans le besoin (enfants, personnes âgées, ou en situation de handicap… et n'oublions pas les animaux !). Tu es une personne bienveillante et très généreuse. Tu veilles sur ta tribu avec une grande douceur, mais tu sauras te montrer féroce à la moindre menace.

À l'image du Raton laveur, qui prend le soin de nettoyer ses aliments avant de manger, tu peux aussi avoir tendance à porter un soin particulier au choix de ton alimentation (nourriture saine, bio, locale…).

Tu te laisses facilement apprivoiser, mais tu as besoin de te sentir libre. Gare à celui qui essaierait de te retenir contre ton gré.

En grand(e) curieux(se), tu aimes découvrir de nouveaux territoires, de nouvelles personnes, de nouveaux loisirs…

VIE PROFESSIONNELLE : Ta carrière professionnelle est marquée par le don de soi. Tu es attiré(e) par tous les métiers qui te permettent de venir en aide aux plus démunis.

En véritable protecteur(rice), tu peux tout à fait t'épanouir dans des métiers te permettant de veiller à la sécurité de ton prochain : gendarme, pompier, médecin, infirmier, vétérinaire… Les métiers de l'enseignement te conviennent bien aussi, parce que tu sais révéler les potentiels des autres, les aider à voir en eux les belles qualités qu'ils possèdent.

Cette carte t'invite, sur ton temps libre, à t'investir dans le bénévolat ou dans des causes humanitaires.

CÔTÉ CŒUR : Tu réponds tellement aux besoins de ton/ta partenaire que tu en oublies les tiens. Mais le Raton laveur vient te mettre en garde : si tu ne prends pas le temps de répondre à tes propres besoins, tu risques d'être dans la soumission à l'autre, et de tomber dans des relations déséquilibrées qui ne seront pas justes pour toi. Cette carte t'invite à être dans l'affirmation de soi : sois à l'écoute de tes besoins et prends le temps de les satisfaire.

SPIRITUALITÉ : Cette carte te demande de te connecter à ton guerrier intérieur pour venir en aide aux autres. Tu as cette faculté de donner à ton prochain (que ce soit en temps, en biens matériels...), mais aussi de lui enseigner comment se protéger, en révélant ses propres potentiels. Pour exploiter ce don, le Raton laveur t'invite au changement : deviens la personne que tu souhaites être. C'est en étant dans la pleine affirmation de qui tu es profondément, en connaissant toutes les facettes de ta personnalité, que tu sauras, tel « Robin des Bois », secourir ceux qui en ont besoin.

MÉTÉO ÉNERGÉTIQUE : On te demande de prendre soin de toi autant que tu prends soin des autres. Tu as tendance à te préoccuper des autres avant de t'occuper de toi-même, et cela a pour effet de faire baisser tes ressources énergétiques. Comprends que tu as le droit de prendre du temps pour toi et de faire des choses qui te font plaisir à toi. En prenant soin de toi, tu seras plus à même d'aider les autres.

Le Renard

MENSONGES, TROMPERIE

« Je me libère de l'énergie de mensonge, que ce soit lié à une relation passée ou actuelle. Le mensonge emprisonne dans des énergies négatives, alors, je choisis l'énergie du pardon qui, elle, délivre. »

PERSONNALITÉ : Malin et rusé, ainsi est notre ami le renard. Souvent perçu comme un farceur aimant jouer des tours, il est aussi un être sensible, doté d'une grande capacité de réflexion. Comme lui, tu es rapide dans tes prises de décision et tu as une bonne capacité d'adaptation.

VIE PROFESSIONNELLE : Il semblerait que dans le domaine professionnel quelqu'un cherche à te dissimuler des informations, ou t'en donne carrément de mauvaises pour t'amener à faire fausse route. Tes guides t'invitent à te fier à ton intuition pour y voir plus clair, et à déceler d'où émane cette énergie de mensonge. Il y a autour de toi une personne ou une situation qui ne sont vraiment pas bonnes pour toi. Fais-tu bien les choses de toi-même, ou t'incite-t-on insidieusement à les faire ? Méfiance ! Le Renard t'exhorte à agir vite, à prendre les dispositions nécessaires pour te libérer de cette énergie négative.

Néanmoins, il se peut aussi que ce soit toi qui sois dans cette énergie. Dans ce cas, tu es incité(e) à t'interroger. Qui cherches-tu à duper ? Est-ce aux autres que tu mens ? Ou est-ce à toi-même ? Dans un cas comme dans l'autre, on te conseille de mettre en place des relations claires et transparentes, que ce soit avec des collègues ou envers toi-même, et de faire les ajustements nécessaires pour sortir de cette énergie de mensonge.

♥ CÔTÉ CŒUR : Le Renard possède le pouvoir de voir au travers ces tromperies. Dans un tirage sur le domaine sentimental, il vient te prévenir que quelque chose n'est pas clair et que tu dois te montrer vigilant(e). Si tu es en couple, il est bien possible que l'élu(e) de ton cœur te dissimule des choses et ne fasse pas preuve d'honnêteté. À moins que ce ne soit toi ? Cette carte parle bien de tromperie : mensonges, adultères…

Cette personne peut tout aussi bien être ton/ta partenaire actuel(le). Mais il est possible également que tu aies eu dans le passé une relation marquée par l'énergie de mensonge, et que cela t'affecte encore aujourd'hui (notamment si tu es célibataire). Peut-être a-t-on abusé de ta confiance ou as-tu été trahi(e)… Quoi qu'il en soit, cela affecte ta relation. Est-ce que tu te mens à toi-même ? Refuses-tu de voir la réalité en face ? Est-ce toi qui mens à ton/ta partenaire ? Toi seul(e) connais les réponses à ces questions. Mais tes guides veulent que tu comprennes que le bonheur est là, pour toi, si tu décides de te libérer pour de bon de cette énergie de mensonge.

D'ailleurs, pour t'en défaire, tu es vivement invité(e) à entrer dans une énergie de pardon, que ce soit envers l'autre ou envers toi-même. Pardonner ne signifie pas que tu cautionnes ce qui s'est passé : tu décides simplement de faire un pas vers la libération et de ne plus te laisser influencer par cette énergie négative et néfaste pour toi. Ce travail de libération vaut la peine d'être fait : tu pourras ainsi connaître le renouveau que tu attends et que tu mérites.

SPIRITUALITÉ : Avec le Renard, on te parle de tes capacités extrasensorielles ! Si tu n'en as pas encore conscience, sache que tu as des facultés puissantes en toi, et cette carte t'incite à t'y connecter et à les développer. Parmi les cinq sens psychiques, le Renard met en avant ton ouïe et ton odorat : tu es doué(e) de clairaudience et de l'odorat astral. Tu captes et ressens les énergies, principalement par ces deux canaux.

MÉTÉO ÉNERGÉTIQUE : Tes énergies peuvent être perturbées par l'énergie de mensonge. Qu'elle qu'en soit la source, la carte du Renard te met en garde contre les manipulations. Si tu as l'impression de ne plus être pleinement toi-même et de faire les choses sans vraiment le vouloir, on te conseille de prendre du recul et d'observer la situation pour essayer de mieux comprendre ce qui est en train de se jouer ; tu te libéreras ainsi de cette énergie néfaste.

Le Rouge-gorge

RENOUVEAU

« Je laisse partir ce qui ne me correspond plus pour m'ouvrir au renouveau. Les meilleures choses ont une fin. Cela ne signifie pas que rien de bien ne peut plus m'arriver. Lorsqu'une porte se ferme, j'ai la possibilité d'en ouvrir une nouvelle. »

PERSONNALITÉ : Avec le Rouge-gorge comme animal totem, symbole du renouveau, tu es une personne qui ne craint pas le changement. Au contraire, tu l'accueilles à bras ouverts, sachant qu'il apporte quelque chose de meilleur pour toi. Tu possèdes donc de bonnes facultés d'adaptation et un goût prononcé pour la nouveauté : tu aimes découvrir de nouvelles activités, rencontrer de nouvelles personnes, essayer de nouvelles choses… Une chose est sûre : tu sais te renouveler. Avec toi, on est sûr de ne pas s'ennuyer !

VIE PROFESSIONNELLE : Nul besoin de longs discours, avec cette carte, on te parle de renouveau professionnel : mutation acceptée, nouvelles opportunités, évolutions dans ton poste actuel, réorientation... Aucun doute possible, les choses évoluent et c'est pour quelque chose de meilleur. Donc tout va bien ! Le Rouge-gorge t'invite juste à rester serein(e) et confiant(e) face aux petits chamboulements qui arrivent dans ton travail. Mais garde bien à l'esprit que ce n'est que du positif.

Si tu es à la recherche d'un emploi, ça y est, tout arrive maintenant. Tu devrais très prochainement signer un contrat ou finaliser les formalités nécessaires à l'exercice de tes futures fonctions. On te dit bien que l'attente est terminée : le renouveau que tu attendais frappe à ta porte.

CÔTÉ CŒUR : Côté cœur, tout évolue de façon inattendue.

Si tu es engagé(e) dans une relation et que vous connaissez des difficultés depuis quelque temps, d'une manière ou d'une autre, le renouveau arrive, les choses s'arrangent. Certes, ce ne sera pas forcément une évolution telle que tu l'attendais, mais l'Univers t'ouvre une nouvelle voie : un nouvel élan dans ta relation, des retrouvailles avec une personne du passé, des réconciliations... Et une nouvelle rencontre en vue si tu es célibataire.

SPIRITUALITÉ : Tu as déjà entamé le processus pour accéder à un renouveau spirituel. Tu as su faire le nécessaire pour dissoudre tes mémoires bloquantes, à force de courage, de patience, de remise en question et de travail sur toi-même. Aujourd'hui, tu entres dans un renouveau spirituel et énergétique. Tu peux être fier(ère) de toi, de tout ce chemin parcouru.

On te demande de maintenir cette dynamique qui te convient si bien ! Maintenant que tu sais qui tu es, et ce que tu désires profondément, suis la voix de ton âme, suis ton intuition.

MÉTÉO ÉNERGÉTIQUE : Si tu as besoin d'un petit coup de « boost », d'un peu de renouveau dans tes énergies, tu es invité(e) à porter une chrysoprase. Associée au printemps, cette pierre t'accompagne dans les nouveaux départs. Elle te permettra de faire le plein de belles énergies : douceur, espoir, chance...

Pour chasser les énergies négatives de ta vie et revenir à la pureté, insuffle de la nouveauté dans ta vie : nouvelles habitudes alimentaires, changement de look, passage chez le coiffeur, nouvelles activités sportives et/ou culturelles, nouveau projet... C'est le moment d'explorer de nouveaux horizons !

Le Serpent

GUÉRISON

« Toutes les parties de mon âme qui ont été blessées par la peur, je les guéris par l'amour. En soignant mes blessures émotionnelles, je choisis de ne plus les laisser contrôler ma vie. Je suis libre. »

PERSONNALITÉ : Le Serpent est un animal qui représente la force vitale et la guérison. À l'image du serpent qui mue, tu as cette faculté à te débarrasser de ce qui n'est plus bon pour toi. Tu ne restes pas emprisonné(e) dans la peau du passé, tu vis dans l'instant présent, tu avances. Tu te faufiles entre les épreuves de la vie avec agilité et tu n'as pas peur du changement. Tu es une personne vive et instinctive, mais tes pulsions ne sont peut-être pas toujours bien maîtrisées.

VIE PROFESSIONNELLE : Dans le domaine professionnel, le Serpent annonce une évolution. Tu peux t'attendre à de nouvelles opportunités, qui se présenteront sûrement sous la forme d'une évolution, d'un changement de direction au sein même de ton métier. On te demande d'aller de l'avant. Ton ascension professionnelle se fera par étapes successives, telles les différentes mues du serpent.

CÔTÉ CŒUR : Avec le Serpent, un animal lié à l'élément terre, tu es invité(e) à garder les pieds sur terre. Cette carte te demande de travailler à renforcer les bases, les fondations de ta relation. Ton/ta partenaire et toi entrez dans une énergie de transformation du couple. L'un(e) de vous a pris conscience de la source de vos difficultés et entre dans un processus de guérison émotionnelle nécessaire.

Si tu es célibataire, cette carte t'incite à faire peau neuve : il est temps de te débarrasser des blessures du passé et d'aller de l'avant. C'est en guérissant ton âme que tu pourras t'ouvrir à un renouveau sentimental.

Le Serpent peut aussi venir te parler de ton rapport à la sexualité. Peut-être t'es-tu senti(e) « forcé(e) » à ce niveau-là à un moment de ta vie : que ce soit pour faire plaisir à tes partenaires en mettant de côté tes envies, ou en termes d'abus sexuels, il peut y avoir une blessure à guérir.

SPIRITUALITÉ : Avec le Serpent, tu as la capacité de guérison : tu peux te guérir toi, mais aussi les autres. Cette carte parle d'une période de transition, de mue. Tu es en train de te libérer du poids des blessures passées. Tu es dans une énergie de mouvement, tu vas de l'avant. Tes guides t'encouragent à être fier(ère) de toi et à poursuivre sur cette voie.

Ainsi guéri(e), tu pourras mettre ton énergie au service de la création universelle. Passer du plan de l'esprit au plan de l'âme, sortir du mental pour écouter et voir avec le cœur, voilà la voie spirituelle du Serpent. Ce chemin implique de rester dans des énergies d'intégrité, de sincérité et de vérité.

MÉTÉO ÉNERGÉTIQUE : Cette carte te demande de prendre soin de tes énergies. Si tu ressens des perturbations, c'est peut-être que l'énergie ne circule pas de façon fluide. En fait, c'est comme si ton énergie était concentrée au niveau de ton chakra racine. Tels les serpents sur le caducée, qui partent du bas pour s'élever, on te conseille de faire monter l'énergie jusqu'à ton chakra couronne.

Si besoin, tu peux également te rapprocher d'un thérapeute pour entamer un travail de libération des blessures émotionnelles.

Le Singe

INTELLECT, EXPLORATION, INNOVATION

« En explorant des domaines que je ne connais pas, je nourris mon esprit. Il n'est jamais trop tard pour apprendre. J'explore, je laisse mon intellect s'exprimer, j'ose innover. »

PERSONNALITÉ : Comme le singe, tu es ingénieux(se), habile et imaginatif(ve) ! Tu sais résoudre les problèmes comme personne : tu comprends vite et bien.

Tu n'es pas du genre à te prendre au sérieux, préférant voir la vie comme un grand terrain de jeu ! Tu aimes plaisanter. D'ailleurs, ta compagnie et ta bonne humeur sont toujours appréciées. De nature sociable, tu te fais facilement de nouveaux amis.

Tu peux avoir un penchant pour le vagabondage, sautant de branche en branche, d'activité en activité… De partenaire en partenaire ?

VIE PROFESSIONNELLE : Dans un tirage sur le domaine professionnel, cette carte parle de ton besoin de stimulation intellectuelle ! Tu as cette nécessité d'avoir toujours quelque chose à faire, à réfléchir, à penser. Il te faut sans cesse un nouveau projet, un nouveau casse-tête à résoudre !

Avec notre ami le Singe, c'est le moment de prendre le temps de nourrir ton intellect et d'étancher cette soif de connaissances. Si tu envisages de commencer une formation, de reprendre des études, d'apprendre un nouveau métier, de te spécialiser dans ta branche ou de découvrir de nouvelles façons de travailler, alors cette carte t'annonce que tu es sur la bonne voie !

Et si tu cherches encore ta route, avec un cerveau en ébullition permanente et la créativité qui t'anime, tu peux tout à fait envisager une carrière dans un métier qui demande d'innover, de créer de nouveaux concepts. Tu es également un(e) excellent(e) pédagogue, tu sais guider, enseigner, révéler le potentiel de chacun en répondant à ses besoins de manière innovante.

CÔTÉ CŒUR : Célibataire, on dirait bien que tu as besoin que l'on s'occupe de toi, que l'on te porte de l'attention. Insatisfait, ce besoin peut t'amener à être un peu volage. Tu t'attaches et te détaches facilement. Mais, cela peut t'apporter beaucoup de souffrances et de déceptions. Cette carte t'invite à comprendre que cet amour que tu recherches chez l'autre est avant tout en toi, c'est à toi de te choyer. Reprends confiance en toi. Aime la belle personne que tu es. Sois dans le respect de toi-même. C'est en entrant dans ces belles énergies de bienveillance et d'amour envers toi-même que tu pourras t'ouvrir à la stabilité affective.

Si tu es engagé(e) dans une relation stable, la carte du Singe parle de fidélité. Les petites attentions sont de mise entre ton/ta partenaire et toi : vous prenez soin l'un(e) de l'autre. Les choses sont bien équilibrées.

Si, en revanche, vous rencontrez des difficultés, cette carte vous conseille de renouer avec la séduction. Mettez en place des petits moments pour retrouver l'étincelle des premiers jours. Et n'oubliez pas que les petites attentions sont importantes : un petit mot sur l'oreiller avant de partir au boulot, un café préparé, des caresses dans les cheveux avant de dormir... Le bonheur se trouve dans les choses simples.

SPIRITUALITÉ : La voie spirituelle du Singe est de désapprendre pour mieux apprendre, pour aller plus loin. Comme lui, tu t'inspires de la sagesse et du savoir des anciens. Tu es invité(e) à suivre une formation dans le domaine spirituel. Et si tu as déjà commencé à élargir ton champ de compétences, il est peut-être temps pour toi de poursuivre ton évolution en étant dans une énergie de partage. Tu peux, par exemple, proposer des stages, des initiations..., pour donner la possibilité aux autres de transmettre à leur tour. Cette carte est un symbole d'évolution positive.

MÉTÉO ÉNERGÉTIQUE : Si tes énergies sont perturbées en ce moment, si tu as l'impression de stagner, c'est parce que tu restes dans une vision étriquée des choses. Tu es invité(e) à travailler sur l'ouverture d'esprit. Retrouve ton âme d'enfant, sois curieux(se), explore, construis de nouvelles connaissances.

La Souris

LA FOI

« "Nul ne peut atteindre l'aube sans passer par le chemin de la nuit." Je place ma confiance en l'Univers. En gardant la Foi, je le laisse me guider vers le meilleur. »*

PERSONNALITÉ : Telle la souris, tu es une personne plutôt discrète, presque timide, et observatrice. En même temps, ton innocence proche de celle de l'enfance fait que, globalement, tu te sens facilement à l'aise, quel que soit le milieu.

Tu es aussi très minutieux(se) : tu aimes prendre le temps de faire les choses, et de les faire bien ; pas question de bâcler ! Et même si tu avances pas à pas, doucement, à ton rythme, tu vas au bout des choses : tu n'abandonnes jamais. Tu es très organisé(e) et structuré(e).

Tu sais te contenter des choses simples, préférant aimer ce que tu possèdes et améliorer ce qui existe plutôt que désirer ce que tu n'as pas.

* Khalil Gibran.

VIE PROFESSIONNELLE : Si tu rencontres des difficultés au travail, cette carte te demande de garder la Foi. Aie confiance en toi, car tu as le sens des affaires. Sans t'en rendre compte, tu as élargi petit à petit le cercle de tes connaissances professionnelles, et tu as fini par te créer un véritable réseau. Alors, ne crains rien, tu as la capacité de rebondir. Ose faire appel à tes contacts, c'est là que se trouve la solution.

CÔTÉ CŒUR : La Souris accorde beaucoup d'importance aux détails. Cette carte t'invite à ne pas tomber dans une analyse de tout, tout le temps. Lorsque tu cherches à tout voir, à tout comprendre, tu peux tomber dans une attitude d'interprétation. Chaque geste de ton/ta partenaire devient suspect ou déclenche une réaction de ta part. Mais est-ce toujours justifié ? On te demande de retrouver un peu de légèreté et d'innocence dans ta façon d'aborder ta relation. En ce moment, tu analyses et approfondis trop les choses. Alors, souffle un grand coup et demande-toi ce que cela révèle de toi : un manque de confiance en soi ? Une peur du rejet ? De l'abandon ? Quelle que soit ta blessure, tes guides te demandent de leur faire confiance : ils t'accompagnent et t'encouragent à initier un processus de libération. Alors surtout, garde la Foi, car tes doutes, tes peurs concernant ta relation ne sont pas fondés.

Si tu es célibataire, on te demande de continuer à croire à la belle relation que tu attends. Garde foi en toi, en l'Univers. Tu as traversé bien des tourments et tes guides savent que ce n'est pas tous les jours facile. Ils savent aussi tout le travail que tu as déjà accompli pour te libérer de tes mémoires bloquantes. Alors, sois confiant(e), le renouveau est en chemin.

SPIRITUALITÉ : Le chemin spirituel de la Souris t'invite à acquérir la confiance et l'innocence qui insufflent l'énergie et la Foi. En empruntant cette voie, tu pourras alors tout faire, relever tous les défis, surmonter tous les obstacles. Avoir la Foi, c'est croire en quelque chose que l'on a parfois du mal à nommer, que l'on ne comprend pas et qui est imperceptible directement par nos cinq sens. Mais c'est savoir que ce quelque chose est là, qu'il existe, on le ressent. La Foi est finalement propre à chacun, elle est unique, elle dépend de notre propre cadre de référence, de nos expériences. La Souris t'engage à trouver ta propre foi, dans l'amour et la bienveillance. Il y a autant de chemins vers la spiritualité qu'il y a d'êtres sur Terre.

MÉTÉO ÉNERGÉTIQUE : Tu sembles déconnecté(e) de tes guides spirituels. C'est comme si tu avais perdu la Foi, comme si tu t'étais fermé(e) à eux, et à toi-même.

Si tu as des capacités extrasensorielles, des dons de magnétisme…, mais que tu as choisi de ne pas les accueillir, cela peut être la cause des dérèglements énergétiques et physiques que tu rencontres. On te demande de te souvenir que tes guides veillent sur toi, en chaque instant. Et que les épreuves que tu traverses ne sont qu'apprentissages. Ils sont conscients que, parfois, les leçons sont « dures », mais ils sont là, ils t'aiment et te soutiennent. Reconnecte-toi à ton intuition et à ta Foi, et tout ira pour le mieux.

Le Suricate

VIGILANCE

« Une situation me demande de faire preuve de vigilance. En restant attentif(ve), je peux anticiper et me protéger d'éventuelles expériences néfastes. »

PERSONNALITÉ : Comme le suricate, qui vit en colonie, sans cesse à l'affût d'un éventuel danger, tu es une personne très sociable et profondément gentille. Tu es particulièrement affectueux(se) et tu veilles sur ta famille et les gens qui te sont proches avec beaucoup de tendresse, cherchant toujours à les protéger.

Le Suricate passe beaucoup de temps et apporte une grande minutie à faire sa toilette. Il est possible que, comme lui, tu accordes énormément d'importance à l'hygiène et à la propreté. D'ailleurs, il se peut que l'on te reproche de passer trop de temps dans la salle de bains… ou à faire le ménage !

Quoi qu'il en soit, tu es souvent occupé(e) à faire quelque chose, tu es actif(ve), mais tu sais aussi prendre le temps de te reposer pour régénérer tes forces.

VIE PROFESSIONNELLE : Le Suricate te met en garde et t'appelle à la vigilance. Il y a actuellement autour de toi une ou plusieurs personnes qui ne sont pas bienveillantes envers toi. Ta réussite et ton potentiel font des envieux, et la jalousie anime les conversations des langues de vipères. En apparence douces et gentilles, ces personnes sont en fait néfastes. Cette carte est très claire : si tu as un projet, mais que rien n'est encore formalisé, on t'invite tout simplement à le garder pour toi. Ne dis rien, sauf à des personnes auxquelles tu es sûr(e) de pouvoir faire confiance. Prudence et discrétion sont de rigueur.

Si tu es à la recherche d'un emploi, sache qu'une belle opportunité va bientôt se présenter à toi. Mais là aussi, tu vas faire des envieux. Alors prends bien garde à ne pas trop en dire.

La jalousie est une énergie extrêmement négative et néfaste. Si tu exposes trop ta vie et tes projets, tu risques de rencontrer des blocages ou des retards. Souviens-toi… « Le silence est d'or. »

CÔTÉ CŒUR : Dans le domaine sentimental, on te conseille de rester sur tes gardes. Les cartes voisines pourront t'aider à comprendre un peu mieux ce qui se joue en ce moment.

Le Suricate indique qu'un danger menace ta relation. Que cela vienne de ton côté ou de celui de ton/ta partenaire, une personne sème la zizanie entre vous. Soit cette personne est actuellement dans les parages et menace l'équilibre de votre couple, soit elle est reliée au passé de l'un(e) de vous et freine votre bonheur. Quoi qu'il en soit, on t'invite à en parler avec ton/ta partenaire. Car si vous ne faites rien, votre histoire ne durera pas. Vous avez la possibilité d'avancer ensemble, à condition de préserver et de protéger votre relation.

Si tu es célibataire, une très belle rencontre arrive pour toi, mais il te faudra rester vigilant(e) et ne pas trop exposer votre histoire, au moins au début. Ce renouveau sentimental pourrait susciter de la jalousie autour de toi, autour de vous, et une personne pourrait avoir une influence néfaste pour votre couple.

SPIRITUALITÉ : Le suricate adore se prélasser au soleil (il se nourrit de sa chaleur, de sa lumière), et c'est aussi un fouisseur incroyable. Cette carte t'encourage à cheminer vers ton soleil intérieur, vers ta lumière, vers ta puissance créatrice, pour pouvoir ensuite rayonner et éclairer les autres. De même que cette petite sentinelle du désert creuse de véritables galeries sous terre, c'est en allant chercher au plus profond de toi, en explorant ce qui se trouve enfoui en toi, tes blessures, tes failles, que tu pourras ensuite rayonner de mille feux.

MÉTÉO ÉNERGÉTIQUE : Si tu ressens une sorte de lourdeur énergétique, elle est très probablement liée à la jalousie de personnes de ton entourage. Que tu saches ou non de qui cela provient, on te demande de vous protéger, toi et tes proches (en utilisant des pierres telles que la rhodochrosite ou l'œil-de-tigre, en visualisant une bulle de protection autour de toi, ou en faisant un soin énergétique, par exemple...) et de garder secrets tes projets. Et surtout, n'y prête pas attention ; ne réponds pas à la jalousie par la colère, mais par le silence.

Ne lui accorde pas d'intérêt, car cela ne ferait qu'amplifier les choses. Reste à distance, et ne cherche pas non plus à te venger : souviens-toi que chacun récolte un jour ce qu'il a semé. Alors, continue de semer amour et bienveillance, et laisse le karma s'occuper du reste !

Le Taureau

MASCULIN SACRÉ, ACTION, AFFIRMATION

« En me reliant à mon masculin sacré, je me connecte à l'énergie d'action. Je mets mon autorité et ma force au service du bien, tout en restant à l'écoute de mes émotions. »

PERSONNALITÉ : Le taureau représente généralement la force physique et le pouvoir. Comme lui, tu peux te montrer parfois obstiné(e), mais ton entourage te perçoit comme une personne rassurante, avec laquelle on se sent en sécurité.

Tu possèdes une grande force intérieure, et c'est d'ailleurs cette force qui te pousse à être dans une énergie d'action : tu cherches sans cesse à te réaliser, à t'épanouir, à t'affirmer et tu travailles dur pour cela. Persévérance et détermination font partie de tes qualités. Mais n'aurais-tu pas tendance à réagir au quart de tour ou à camper sur tes positions ?

La routine et la sécurité sont essentielles à ton épanouissement.

VIE PROFESSIONNELLE : Les belles qualités de notre ami le Taureau te rendent particulièrement efficace pour tout ce qui relève du travail en équipe.

Si tu ressens actuellement une forme de pression dans ton travail, la carte du Taureau t'engage à faire preuve de vigueur : tu as l'énergie et la force nécessaires pour relever n'importe quel défi.

Des retards et des blocages peuvent venir d'une certaine forme de rigidité : tu peux avoir une tendance à tout contrôler et à avoir peur face au changement. Tu es donc invité(e) à lâcher prise et à accueillir avec bienveillance la nouveauté.

Si tu cherches encore ta voie, on te demande d'être dans l'énergie d'action. Tu pourrais tout à fait envisager une carrière dans un métier en lien avec la terre : jardinier, paysagiste, agriculteur, bâtisseur, professions de l'immobilier... ou dans les métiers liés à l'art.

CÔTÉ CŒUR : Dans le domaine sentimental, le Taureau parle de stabilité, de sécurité affective et de sensualité. En astrologie, ce signe est gouverné par la planète Vénus, qui représente la beauté et l'amour. Cette carte est de bon augure pour une relation naissante ou pour un couple bien établi et stable : votre histoire est bien partie pour durer !

En revanche, si tu rencontres des difficultés au niveau de la communication avec ton/ta partenaire, ne serait-ce pas lié à ta propension à la colère ? Ne t'emporterais-tu pas un peu violemment et pour pas grand-chose ? Tu pourrais peut-être entamer un travail sur toi afin de te montrer un petit peu moins susceptible, un soupçon moins entêté(e) et moins possessif(ve). Souviens-toi que, dans un couple, il est important que chacun garde sa liberté (liberté d'être, de penser...).

SPIRITUALITÉ : Tu peux avoir tendance à combler ton besoin de sécurité dans le monde matériel. Le Taureau t'invite à développer le sentiment de gratitude pour ce que tu possèdes déjà. De cette manière, tu t'ouvriras à l'énergie d'abondance. Cette carte t'encourage à chercher la sécurité à l'intérieur de toi. En reconnaissant ta valeur, en affirmant librement qui tu es, loin du regard des autres, tu recevras tout ce dont tu as véritablement besoin.

MÉTÉO ÉNERGÉTIQUE : Si tes énergies sont perturbées, c'est qu'il y a un déséquilibre entre ton féminin sacré et ton masculin sacré. Si tu es trop dans le féminin sacré, alors tes émotions prennent le dessus et tu peux avoir du mal à mettre les choses en place de façon concrète, dans la matière. À l'inverse, si c'est le masculin sacré qui prédomine en toi, tu pourrais être très souvent dans des situations de combativité, être dans l'action permanente, et oublier de prendre du temps pour toi. Tu es invité(e) à rétablir l'équilibre en ces deux polarités en observant d'où vient cette disharmonie énergétique. Tu peux notamment prendre le temps de travailler sur ton ancrage.

La Tortue

STABILITÉ

« Je me mets en mouvement pour atteindre la stabilité : je cherche chaque jour à me rapprocher de l'équilibre dans tous les domaines de ma vie, et ce, malgré les tempêtes. La stabilité ne s'acquiert qu'en étant actif. »

PERSONNALITÉ : La Tortue incarne la détermination et la sérénité. Comme elle, tu as une bonne gestion de tes émotions, ce qui te permet d'avoir cette faculté de garder ton sang-froid, même dans des situations extrêmes ou difficiles.

Tu as un grand besoin de stabilité, de paix (intérieure et extérieure) et d'harmonie dans ta vie, et tu cherches sans cesse comment y parvenir. Cela fait de toi une personne qui sait se remettre en question, et qui continue d'avancer, malgré les épreuves. Tu sais faire les ajustements nécessaires.

Lorsque tu dois prendre une décision, tu fais preuve de sagesse et de patience : tu ne te précipites jamais, et prends le temps de peser le pour et le contre de chaque situation. Ainsi, tes décisions sont sûres et durables.

VIE PROFESSIONNELLE : Cette carte met en avant une carrière « morcelée », c'est comme si ta vie professionnelle était un patchwork d'expériences en tout genre, ou une succession de contrats « précaires », ou en tout cas de courte durée. Cette carte parle de ton besoin actuel de trouver la stabilité. Si tu es dans l'attente d'un renouveau professionnel, la Tortue annonce l'arrivée d'un contrat qui va t'apporter stabilité et sécurité de l'emploi, ce qui te permettra de te projeter plus sereinement dans les autres domaines de ta vie. Mais cela ne signifie pas nécessairement la signature d'un contrat à durée indéterminée. La stabilité professionnelle se trouve aussi dans un métier que tu aimes et qui résonne avec ton cadre de référence. Une belle opportunité est en préparation pour toi, mais la Tortue, qui avance lentement mais sûrement, vient te rappeler qu'il ne sert à rien de se précipiter. Laisse faire les synchronicités et reste confiant(e).

CÔTÉ CŒUR : Pour accéder à l'épanouissement que tu attends dans ta vie sentimentale, et sortir du schéma de la relation victime/bourreau, tu es invité(e) à prendre conscience que c'est toi, et toi seul(e), le maître de ta vie. Tu es dans une situation où tu dois faire un choix. Alors rappelle-toi que ce sont les décisions que tu prends qui te mènent dans les situations que tu rencontres, et ce sont aussi tes choix qui peuvent t'en faire sortir si les choses ne te conviennent plus. Si tu es dans une relation où les choses sont compliquées avec ton/ta partenaire, il va te falloir faire les ajustements nécessaires pour accéder à une relation plus juste pour toi.

Cette carte te parle de ton libre arbitre. Rien n'est défini. Des tendances se dessinent pour ton futur proche, mais tu as ce pouvoir de décision qui te permet de choisir en ton âme et conscience quel chemin suivre. C'est seulement en écoutant ton cœur et ton âme que tu pourras aller vers la relation stable et équilibrée que tu espères tant. Il n'y a que toi qui puisses décider ; les réponses sont en toi, et nulle part ailleurs.

SPIRITUALITÉ : Le cheminement spirituel de la Tortue se fait sur un rythme lent, mais sûr, de façon cyclique. Elle t'invite à accepter ton incarnation sur Terre, dans la matière, pour vivre en harmonie avec le tout, conscient(e) de l'immortalité de l'âme. Tu es invité(e) à vivre pleinement dans l'« ici et maintenant », dans l'instant présent, et à partager cette philosophie de vie. Comme la Tortue, enseigne la sagesse ancienne.

MÉTÉO ÉNERGÉTIQUE : Le déséquilibre au niveau de tes énergies provient d'une croyance erronée qui te procure un sentiment d'amertume : celle de penser que ton destin dépend avant tout des autres. Alors reconnecte-toi à ton pouvoir créateur et prends conscience que c'est bien toi et seulement toi qui tisses la toile de ta destinée. Nul(le) autre que toi ne peut prendre les décisions à ta place. Cette carte t'invite à reconnaître ta responsabilité.

La Vache

ABONDANCE

« Dès aujourd'hui, je me libère de mes croyances limitantes et de mes peurs. J'invite l'énergie d'Abondance à entrer dans ma vie ; je l'accueille avec gratitude et bienveillance. »

PERSONNALITÉ : Bonté, patience, calme, noblesse : voilà ce qui caractérise notre amie la vache. Comme elle, tu es une personne vraiment gentille, douce et bienveillante. Tu sais apporter ton doux soutien à ceux qui en ont besoin : parents, amis, voisins, et même aux personnes que tu ne connais pas. Tu es un(e) parent(e) attentif(ve) et attentionné(e).

Tu sais apprécier les choses que tu as, voir le positif, profiter de tout ce qui s'offre à toi et laisser partir les choses qui ne te conviennent ou ne te ressemblent plus. Tu as une grande capacité à relativiser : tu sais qu'absolument tout ce qui se présente dans ta vie est là dans l'unique but de te mener vers quelque chose de mieux.

VIE PROFESSIONNELLE : La carte de la Vache est présente dans ce tirage pour t'encourager à te renouveler, à ne pas rester sur tes acquis, à faire de nouveaux choix, à sortir de ta zone de confort.

La vache, cet animal fort et imposant sur ses quatre pattes bien ancrées à la terre ferme, a tendance à préférer la stabilité et à camper sur ses positions. Avec cette carte, on te demande d'aller dans la direction opposée en osant mettre en place des choses concrètes qui te permettront d'accéder à l'abondance matérielle. Tu es invité(e) à être dans l'action. Si tu es dans l'attente d'un renouveau professionnel (déjà en poste ou à la recherche d'un emploi), une nouvelle opportunité devrait bientôt se présenter à toi et te permettre d'améliorer ta situation matérielle (augmentation, promotion, signature d'un contrat, nouvelles responsabilités, nouveau projet...).

Si tu rencontres des difficultés à entrer dans cette énergie d'abondance, sache que ce sont tes peurs qui te retiennent, qui bloquent tes ambitions et les empêchent de circuler en toi. On te conseille de t'interroger sur tes craintes : quelles sont tes peurs vis-à-vis de l'argent ? Est-ce la peur de manquer ? La peur de ne pas savoir le gérer ? Une peur liée à tes « vieux jours » ? La peur d'être jugé(e) ? D'où qu'elles viennent, on te dit bien que ces peurs t'empêchent d'aller vers l'abondance. Alors, prends le temps d'y réfléchir, comprends que même l'argent est une énergie et choisis de l'accueillir avec bienveillance. Ainsi, l'abondance se mettra en place.

❤ CÔTÉ CŒUR : Pour entrer dans une énergie d'Abondance dans ta relation, tu es invité(e) à changer ta façon de percevoir les choses. C'est comme si tu focalisais ton attention uniquement sur les petits détails négatifs, et que tu ne voyais pas toutes les belles choses qui se présentent à toi. Entraîne ton esprit à voir plutôt le positif. Peut-être que ce comportement est induit par des expériences passées douloureuses et par la peur d'être à nouveau blessé(e). Dans ce cas, prends conscience que ce qui était vrai jadis ne l'est plus aujourd'hui, et libère-toi de ces énergies qui n'ont plus lieu d'être. Cette carte parle d'amour inconditionnel, qui est justement la condition pour être dans une énergie d'abondance. C'est bien par l'amour que tu te libéreras de la peur. Cela signifie aussi aimer l'autre pour ce qu'il est et non pas pour ce que nous voudrions qu'il soit, être dans le lâcher-prise et ne pas chercher à tout contrôler.

Si tu es célibataire, cette carte indique que c'est la peur qui t'empêche d'accéder au renouveau que tu attends. Tu as dû être marqué(e) par une expérience difficile, mais on te dit que, pour retrouver l'amour, tu dois trouver le moyen de te libérer de cette mémoire douloureuse et de la peur qu'elle engendre (peur d'être aimé(e), peur d'aimer, peur de souffrir à nouveau…).

SPIRITUALITÉ : La Vache t'encourage à suivre la voie qui mène à l'Abondance, au sens spirituel du terme. Bien sûr, pour y accéder, tu dois poursuivre ton engagement dans la pensée positive et être le plus souvent possible en lien avec la loi de l'attraction. Mais pour ouvrir les portes de l'abondance, cette carte t'invite à comprendre que tu dois surtout suivre le chemin de l'amour inconditionnel. De cette manière, et seulement en entrant dans cette énergie, tu pourras te détacher du « matériel » pour te relier à la Source, à l'Univers et accéder à l'abondance. Une molécule d'or n'a pas plus de valeur qu'une molécule d'eau. Toutes deux sont parfaites et ont la même valeur. À partir de là, tout est parfait, tout est richesse, et tu entres dans l'énergie d'Abondance.

MÉTÉO ÉNERGÉTIQUE : Si, en ce moment, tes énergies sont lourdes, que tu n'arrives pas à être dans une énergie d'Abondance, c'est à cause du sentiment de peur et du système de croyances erronées qui en découle. C'est bien la peur qui parasite ton taux vibratoire. Cette carte t'invite à comprendre que tout est énergie et à reprendre confiance en ton pouvoir créateur. En renouant avec ton être intérieur, en comprenant d'où vient cette peur (blessure d'injustice ?) et en faisant le choix de t'en libérer, tu accéderas à l'énergie d'Abondance.

Le Vautour

LES IMPRÉVUS, LA FIN

« J'accueille l'imprévu avec bienveillance et gratitude. C'est souvent dans les choses que l'on ne prévoit pas qu'arrivent les plus belles rencontres, les plus beaux changements. »

PERSONNALITÉ : Comme le vautour, tu peux apparaître comme quelqu'un d'assez sombre. Pourtant, sous ces faux-semblants, ce rapace n'a aucune intention de nuire à qui que ce soit. Tu es une personne très calme. Si, comme lui, tu en arrives à te montrer féroce, c'est uniquement pour te défendre et parce que la personne en face de toi l'aura bien mérité. Tu es très habile dans tes relations avec les autres, mais tu peux aussi aimer te retrouver seul(e).

VIE PROFESSIONNELLE : Cette carte annonce quelques petits imprévus dans le domaine professionnel : des choses planifiées pour plus tard arrivent plus tôt que prévu, ou alors tu te retrouves face à une situation inédite qui te demande d'improviser et de t'adapter. Mais dans un cas comme dans l'autre, tu peux compter sur ta capacité d'adaptation pour faire face et gérer cela comme il se doit. Aie simplement confiance en toi.

Si tu rencontres des difficultés depuis déjà quelque temps dans ton travail, cette carte est là pour te dire que celles-ci touchent à leur fin. Les choses sont en passe de se terminer d'une manière ou d'une autre : démission, fin ou rupture de contrat, changement de poste, mutation... Cette carte indique bien la fin de quelque chose, et cela peut se passer de façon assez inattendue.

Si tu es en train de créer ton entreprise ou que tu es sur un projet ou un dossier particulier, cette carte signifie que ton « travail » touche à sa fin. Attention quand même à bien maintenir tes efforts et ta rigueur jusqu'au bout, car de petits événements imprévus peuvent se présenter et te faire prendre un peu de retard. Mais rien de bien méchant, alors reste confiant(e).

Enfin, si tu viens de quitter ton emploi, ou que ton contrat vient de se terminer, on te demande de ne pas voir cela comme un échec ou comme quelque chose de négatif. Au contraire, quelque chose de meilleur t'attend et se présentera bientôt à toi. Accepte simplement la fin de ce cycle pour t'ouvrir au renouveau professionnel qui se prépare pour toi.

❤ CÔTÉ CŒUR : Cette carte met en avant une rupture marquante, à venir ou passée (mais qui te marque encore au point d'être dans le déni). Tes guides veulent que tu comprennes que la fin d'une histoire ne signifie pas la fin de tout. Une séparation ne signifie pas que tout s'écroule et que plus rien ne pourra être rebâti. On ne sait jamais pour combien de temps les gens entrent dans nos vies : un jour, un mois, un an, une décennie... Plus ? Moins ? Il faut comprendre que chaque rencontre, chaque relation est une expérience, une occasion d'apprendre. Accepte simplement que les gens descendent un jour du train et remercie la Vie, l'Univers, pour l'enseignement apporté. En ayant cette approche, tu t'autorises à refermer sereinement un livre, et surtout, à en ouvrir un nouveau. Ce n'est pas toujours facile à faire, mais tu as cette capacité en toi de rebondir.

Si tu es actuellement dans une relation où les choses sont compliquées, cette carte est là pour t'aider à accepter ce que tu sais déjà au fond. Le Vautour t'invite à te défaire de ce qui ne te convient plus et à t'ouvrir au renouveau.

Et si tu es célibataire, cette carte t'incite à sortir du déni et à faire le deuil, à te détacher du fantôme de cette relation passée.

Que tu sois célibataire ou non en ce moment, sache que de très belles choses t'attendent. Le Vautour annonce la fin d'un cycle, certes, mais aussi le début d'un nouveau cycle, plus lumineux. Il est temps de faire table rase.

SPIRITUALITÉ : Le Vautour porte en lui l'image de purificateur de la Terre. Sa voie spirituelle est de guider dans le nettoyage des énergies négatives. Cette évolution peut se faire à la suite d'un événement particulièrement brutal, comme un choc, qui t'amène à effectuer un changement radical. Mais garde à l'esprit que c'est justement cela qui te guide vers une évolution profonde.

Le Vautour est aussi le symbole du cycle éternel « vie-mort-renaissance ». Avec cette carte, tu laisses derrière toi les traces de toutes les énergies lourdes, tu purifies le négatif (aussi bien chez toi que chez les autres). Comme cet animal à la vue puissante, tu possèdes le don de voyance.

⚡ MÉTÉO ÉNERGÉTIQUE : Tes énergies sont parasitées par des énergies négatives. Cela peut être une personne qui t'envie, te jalouse et qui t'envoie de façon directe ou indirecte des énergies néfastes. Cela peut être aussi de la colère que tu ressens à la suite d'une injustice ou d'un conflit. Ou encore une personne que tu essaies d'aider coûte que coûte et qui (indirectement) vampirise ton énergie.

Quoi que ce soit, tu es invité(e) à effectuer un nettoyage énergétique et à te protéger. Tu peux te rapprocher d'un thérapeute énergétique, te préserver en utilisant des pierres de soins (labradorite, cristal de roche, œil-de-tigre…). Et surtout, prends du temps pour toi en t'éloignant des personnes négatives.

Le Zèbre

DIFFÉRENCE

« Je suis unique. Mes différences font ma force. J'ose être pleinement qui je suis : je suis libre d'être moi-même. »

PERSONNALITÉ : Les rayures du zèbre en font un animal unique, presque excentrique et hypnotisant. Comme lui, tu es vif(ve) et tu sais ce que tu veux. Tu portes fièrement ton individualité, loin de te préoccuper de ce que pensent les autres. La conformité au moule sociétal ? Très peu pour toi. Tu connais tes qualités et tes défauts, et c'est leur association qui te rend unique et fort(e). Tu n'as pas peur de te montrer tel(le) que tu es.

Tu travailles dur, oubliant parfois de prendre du temps pour toi et de te récompenser. Tu es sincère, authentique, généreux(se) et fiable. Plutôt calme et réservé(e) (en apparence), tu es très entouré(e), extraverti(e) et effusif(ve), mais tu ne te lies pas facilement en amitié. Tu es quelqu'un dont on aime suivre l'exemple.

VIE PROFESSIONNELLE : Avec la carte du Zèbre, tu es vraiment invité(e) à exprimer ton unicité dans le domaine professionnel. Tu as un regard différent, une façon de travailler qui t'est propre. Alors ne cherche pas à te fondre dans le « moule » ou à faire comme les autres. Laisse ton potentiel unique s'exprimer. Tu as cette faculté d'apporter un regard neuf sur les choses. Place ta différence au cœur de tout ce que tu entreprends.

Et si tu rencontres des difficultés, ou que tu as envie d'abandonner, connecte-toi aux énergies du Zèbre : ensemble, traversez les murs qui peuvent se dresser sur ta route. Cela te rendra plus fort(e) et te rapprochera de tes objectifs. Ne baisse pas les bras.

Si tu te retrouves face à une situation complexe et que tu ne sais pas comment la résoudre, cette carte te dit que la clé est bien différente de tes façons de procéder habituelles. Souviens-toi aussi que l'agilité vaut parfois mieux que la force.

Enfin, si tu ne sais pas où est ta voie, que tu es à la recherche d'un emploi, le Zèbre te conseille d'emprunter un chemin différent de tout ce que tu as connu jusqu'à présent, ouvre-toi à la nouveauté : une opportunité surprenante pourrait bien se présenter à toi.

♥ CÔTÉ CŒUR : Si tu es célibataire, ton/ta partenaire pourrait bien se présenter sous des traits (physiques ou de caractère) bien différents de tout ce que tu as pu connaître jusqu'ici. Pour accueillir le renouveau dans ta vie sentimentale, tu es donc vivement invité(e) à aller à la rencontre de nouvelles personnes : sois plus ouvert(e) à la « différence », car c'est là que se trouvent la richesse et ton futur bonheur amoureux.

Si tu es en couple et que les choses sont un peu compliquées avec ton/ta partenaire, on te conseille de ne pas rester figé(e) dans des schémas de pensée, mais au contraire, de t'ouvrir à des points de vue différents. Ne vois pas dans vos désaccords quelque chose d'insurmontable, mais plutôt une possibilité d'échange et d'enrichissement mutuel. C'est parce que l'on se « confronte » à ce qui est différent de nous que nous évoluons.

SPIRITUALITÉ : Avancer quoi qu'il arrive, transcender les épreuves pour en faire une force. Tu as pu penser que tes capacités te rendaient différent(e), mais dans le mauvais sens du terme. On a pu te dire (dans tes jeunes années surtout) qu'il fallait cacher, taire cette différence... que ce n'était pas normal. Tu as pu te sentir exclu(e) pour cela, te couper de tes dons, les rejeter, alors que c'est ce qui fait de toi la belle personne que tu es. Aujourd'hui, le Zèbre te demande d'accepter pleinement qui tu es, dans ton unicité, et dans ton entièreté ! Reconnecte-toi à toi-même et à tes capacités spirituelles.

MÉTÉO ÉNERGÉTIQUE : Pour être dans un regain d'énergie, on te conseille d'être dans l'amour de toi-même, dans l'acceptation de tout ce qui fait la belle personne que tu es ! Reconnais tes belles qualités, accepte aussi tes failles. Si tu te sens fatigué(e), triste, empreint(e) d'énergies lourdes, c'est que tu es dans le déni de toi-même. Le Zèbre t'invite à être dans la bienveillance à ton égard : aime-toi, aie confiance en toi !

Présentation de l'auteure

@quentinguerot_photographie

Cartomancienne, illustratrice et auteure, Emy Lee a toujours été attirée par tout ce qui touche au domaine de l'ésotérisme.

Dès l'âge de 16 ans, elle commence à tirer les cartes, en observant sa mère. Plus tard, elle s'intéresse à l'astrologie et notamment à l'astrologie karmique, qu'elle décrit comme un véritable outil de développement personnel. Et puis, au fil du temps, elle se forme à plusieurs techniques de soins énergétiques, motivée par cette envie d'accompagner toute personne qui souhaite entreprendre un travail de libération de ses mémoires bloquantes : blessures émotionnelles, mémoires et liens karmiques, nettoyage des mémoires transgénérationnelles, LaHoChi, soin de bénédiction de Ganesh...

En parallèle, Emy Lee, véritable autodidacte dans l'âme, laisse libre cours à sa passion pour le dessin : crayon, aquarelle, acrylique..., n'hésitant pas à mixer les techniques. Au fil des années, sa créativité se développe : bijoux, attrape-rêves, arts plastiques, peintures, dessins…

Puis, un jour, alors qu'elle décide de se recentrer sur elle-même et de renouer avec ce qu'elle est et ce qu'elle aime au plus profond, elle reprend ses pinceaux, ses crayons, et elle se laisse porter. C'est en créant des illustrations sur le thème des animaux qu'elle se sent comme « appelée » : ce sont plus que de simples dessins. Ses animaux sont porteurs de messages, empreints de vibrations énergétiques. Emy Lee suit alors spontanément cet élan de l'âme, guidée par l'Univers, et c'est tout naturellement que les mots se couchent sur le papier. Quelques mois plus tard naît son tout premier oracle : *Le Murmure des animaux*.

- SA PAGE FACEBOOK : « Le murmure de vos guides : astrologie, cartomancie et soins énergétiques »
- SA PAGE INSTAGRAM : @lemurmuredevosguides
- SON SITE INTERNET : https://lemurmuredevosguides.wixsite.com/my-site

Remerciements

Cet oracle est le fruit de mes doutes, de mes peurs, de mes errances ; mais aussi de mes petits et grands bonheurs, de mes apprentissages… Alors, je commencerai par me dire « merci », pour mes choix de vie, tous bons, même lorsqu'ils pouvaient paraître mauvais. Ce sont eux qui font que j'en suis là aujourd'hui. Les grands changements s'amorcent bien souvent dans la douleur. Mais le meilleur arrive un jour ! Alors merci, la Vie !

Un grand merci à ma Maëlys, ma fille, et ma plus belle âme sœur dans cette incarnation : mon pilier, ma première alliée, celle qui vit mes projets en première ligne ! Merci pour ta patience !

Je remercie aussi mes parents, pour leur amour, leur histoire, leurs failles, pour tout ce qu'ils sont, car grâce à eux, j'ai grandi, je me suis élevée, relevée et je continuerai d'apprendre à leurs côtés. Merci à ma famille, de cœur ou de sang ! Je vous aime tous autant. Car, comme dirait mon défunt grand-père : « L'amour n'est pas que dans le sang ! »

Merci à Florian, pour sa grande patience, pour ses encouragements et sa gentillesse.

Un immense sentiment de gratitude pour ma sœur, Marie. Quel cadeau incroyable d'avoir une si belle âme avec qui cheminer au quotidien. Tu es parmi les êtres indispensables à ma vie, tout comme mon neveu, petit ange venu du Ciel. Mon Ezéchiel, merci pour la lumière que tu as apportée dans ma vie à un moment pourtant si sombre. Merci pour ton innocence, ta fraîcheur, tes éclats de rire.

Merci à ma Freya, et à mon Black (qui, lui, m'accompagne depuis les étoiles), mes deux guides à quatre pattes, mes deux amours de chiens. Merci pour votre tendresse, pour votre amour, et votre écoute aussi !

Merci à Coralie, mon ange terrestre, une médium incroyable qui m'a ouvert les portes de l'« autre côté » en me transmettant les messages de mes défunts. Merci pour ta douceur, ta gentillesse, ta générosité. Cette rencontre avec toi est une vraie bénédiction. Tu es bien plus qu'une amie.

Merci à Sandrine, mon deuxième ange terrestre, la bienveillance et l'amour dans sa forme la plus pure. Merci à toi de faire partie de ma vie, de m'encourager, de m'épauler, comme une sœur ! Merci pour cette amitié, cet amour, et la confiance que tu me portes. Tu es un trésor !

À toutes les personnes qui ont un jour croisé ma route et sont montées, comme disait le célèbre et regretté Jean d'Ormesson, dans le train de ma vie : il y a eu de belles rencontres ; de moins belles aussi. Mais chacune a été, est et sera un enseignement. Grâce à vous, j'ai grandi, je grandis et je grandirai encore. Du fond du cœur, merci !

Les mots sont trop faibles pour exprimer ma gratitude à mes guides spirituels, anges et défunts ; à tous ceux qui veillent sur moi, depuis « là-haut ». Vous êtes là. Je le sais. Merci pour tout ce que vous avez placé sur mon chemin, tout ce qui est et tout ce qui viendra. Merci pour vos messages, merci pour vos signes, pour cet oracle… Pour tout, merci !

Merci à mes tout premiers murmureurs, vous qui avez porté mon projet, d'abord publié en autoédition ! Vous êtes mes premiers soutiens ! Cet oracle est le vôtre, le nôtre.

Enfin, merci à Sandrine Navarro et à Karine Bailly de Robien pour leur confiance, à Léane Leclercq qui a coordonné le projet, à Jennifer Simboiselle pour sa mise en pages soigneuse et à Béatrice Le Rouzic pour sa relecture bienveillante.

Du fond du cœur et à jamais, MERCI !

Chère lectrice, cher lecteur,

Un soin tout particulier a été apporté
à la fabrication de ce coffret.

Toutefois, si vous constatiez le moindre
défaut, nous vous invitons à nous envoyer
une photographie de votre coffret
à l'adresse suivante :

info@editionsleduc.com

Nous mettrons alors tout en œuvre pour répondre à votre
demande le plus rapidement possible.

Cet ouvrage est composé de matériaux issus de forêts bien gérées certifiées FSC®, de matériaux recyclés et de matériaux issus d'autres sources contrôlées.
Le Forest Stewardship Council® est une organisation internationale non gouvernementale qui encourage une gestion écologiquement adaptée, socialement bénéfique et économiquement viable des forêts de la planète.
Pour en savoir plus, consultez le site www.fsc.org

FSC
www.fsc.org
MIXTE
Papier issu de sources responsables
FSC® C007507

L'usine partenaire d'impression dispose d'un certificat d'audit social récent réalisé selon une certification indépendante, garantissant des conditions de travail décentes.

Achevé d'imprimer en 2022
en Chine par M Paper Asie
Dépôt légal : juin 2022